ポイントですぐにできる！

貯金がなくても資産を増やせる「0円投資」

野原 亮

Ryo Nohara

日本実業出版社

はじめに

すでにご存じかもしれませんが、いま、楽天ポイントやTポイントなどを原資に投資できるサービスが普及してきています。つまり、日常生活で貯まったポイントを原資として投資信託や株の投資に振り分ければ、元手なしの実質0円で、投資することが可能なのです。

本書は、このような投資の方法を**「0円投資」**と呼び、その具体的な手法について、紹介していきます。

投資において、「損したくない」「大きなお金がないと投資できない」「学べる場・時間がない」と思い込んでいる方はまだまだ多いかもしれませんが、0円ならとりあえずやってみてもいいかな、と思う方はかなりいるのではないでしょうか。

ほんの少し学んでいただいて、ポイント投資の準備・設定をしていただければ、その後の日常生活では、あまり意識することなく投資を継続することが可能です。0円投資は金額的にも心理的にも、ストレスが少ない投資法だからこそ、多くの方に受け入れられやすい手法になっているといえるでしょう。

ぜひ本書のノウハウを活用して、将来の安心につながる資産づくりのきっかけにしていただき、よりステップアップしていっていただけたら幸いです。

▼本書のオススメ活用例

本書は、いままで資産形成に縁のなかった方々との出会いの場です。読者の皆さまの生きる知恵（ライフスキル）のひとつとして、元手ゼロから始められる「0円投資」を通じて、自身の資産形成のお役に立ててほしいと願い、世に出させていただきました。

なるべく突っ込んだ細かい話は盛り込まずに、基礎となる部分にフォーカスして、誰でも積み立て投資ができるように説明しています。また、前後関係なくどこから読んでも問題ないように書いたつもりです。

迷った時や不安になった時、皆さまが手にとっていただけますと嬉しいです。

実際、個々のポイントについて細かい数字を羅列して損得をクリアにしても、そのような情報は役に立ちません。最終的に「この場合はどう？」「こうなったらどうなるの？」と自分で考えられるようになるには、ポイント投資全体のしくみ・構造をつかんでおくことのほうが重要です。これらを具体像としてイメージできれば、いろんな場面で応用することができるでしょう。

▼本書に出てくる言葉の意味

最後に、本書にはなじみのない言葉がいくつか出てくると思います。事前に筆者なりに言葉を簡単に定義しておきます。

投資→お金を出す。出資する。資産を買うこと。
株式への投資→その会社のビジネスを買う（シェアビジネス）。その会社の共同所有者（オーナー）となること。
貯蓄→資産（株式・債券・不動産など、将来の収益が見込めるもの）を蓄えること。投資信託への投資や預貯金なども貯蓄の一部。
資産運用→運用する人（投資家）が、計画的に管理・コントロールして貯蓄した資産運用をすること。アセット・マネジメント（資産管理）というイメージであり、単純な貯蓄とは一線を画す。

資産形成→じっくり長期でコツコツ積み立てするなどして、一般的に少額から無理なく資産運用すること。本格的に資産運用する準備段階。

貯金→広い意味では、金融機関に現金を貯めておくこと。狭い意味では、郵便局・農協などにお金を置いておくこと。

預金→銀行などに現金を預けておくこと。広い意味の貯金の一部。

※本書では、貯金と預金をあわせて、**「預貯金」**という言い方もしています。

言葉が明確になれば、思考も明確になる

思考が明確になれば、行動も明確になる

筆者はこのように考え、育てられてきましたので、読者の皆さまもちょっとだけ言葉にこだわっていただけたら幸いです。

CONTENTS

貯金がなくても資産を増やせる「0円投資」◎目次

第2章 キャッシュレス決済とポイント貯蓄のしくみ

第3章 さっそく「0円投資」を実践してみよう

第4章

「0円投資」に必要な投資信託の知識

第5章 さらに資産を増やしたい人のための投資テクニック

本書の記述は、2021年4月末時点の情報を基にしています。サービス内容や情報は変更される場合がありますので、ご了承ください。

カバーデザイン／菊池祐（ライラック）
カバーイラスト／©iStockphoto.com/emma
本文DTP／一企画

第1章

コツコツからでも投資を始めてみよう

Point 1

「お金」について不安を持つ人が増えている

「老後2000万円問題」のインパクト

2019年5月、ある報告が世間をにぎわせました。いわゆる**「老後資金2000万円問題」**です。老後に備える資金として、約2000万円を用意しなければならないと多くの方に受け止められ、「そんなお金は用意できそうにない」と思った人も少なくないのではないでしょうか。

なんとなく年金だけでは老後の生活資金は足りないという気はしていたけど、やはりそうだったのかと受け止められた方もいたことでしょう。

もともと、年金制度そのものもよくわからないという人はたくさんいます。それに加え、老後がより不安になってしまい、長生きすることがリスクになるというような、ネガティブな感情を煽られただけという結果になってしまったという面も、残念ながらあります。

「感情」が促す行動は要注意

今回の騒動についてはいろんな意見がありますが、ひとつだけ言えることがあります。失望や不条理、期待や感動などの**「感情が行動を促す力はすごい」**ということです。

お金の話と自分の感情は切っても切れない関係にあります。儲けたいばかりに博打的な投資をしてしまったり、損したくないばかりに一発大逆転を狙ってみたり……。誰だって、できるだけ早くお金持ちになりたいと思うのは当然でしょう。

ところがその**感情が、なるべく早くコツコツと資産形成をしようという際の、足を引っ張る**ということを覚えておいていただきたいのです。

逆にいえば、自分の感情に流されすぎなければ、またはそれが無理なら感情に流されないしくみを作ることができれば、資産形成の成功が近くなるのです。

焦ることはありません、ゆっくり資産形成していけばいいのです。ベースの知識を蓄えたうえでまとまったお金を準備できれば、あとはそんなに難しいことではありません。

コロナショック後の「K字回復」の影響

2020年、全世界を震撼《しんかん》させたコロナショックにより、突然売上が9割も減ってしまった店舗も出ました。一方で、より業績を伸ばした業種もあり、明暗がはっきりと分かれました。コロナショック後も上に行く企業と下に行く企業の差が激しいので、この状況を「**K字回復**」と言ったりしています。

株式市場の株価の値動きにおいてもその明暗が顕著になっており、株価が底値から何倍にもなった企業も出てきました。

コロナショックで株価が底になった時期に、投資信託の積み立てなどで資産形成をしていた方は、大きく保有資産を増やした方もいらっしゃるかもしれません。筆者も決して多くはないのですが、コロナショック後の株価回復の恩恵を受けることができました。

大きなお金で資産運用をしていた方に限らず、少額投資やポイント投資などを活用した資産形成をしていた方であっても、筆者のようにそれなりに資産を増やせたわけです。資産運用をやっていたかそうでないかだけで、大きな資産格差が発生してしまいました。

では今後に備えて、我々が現実的に事前になにかできることはないのでしょうか？

その具体的な手法を一緒に考えていきましょう。

Point 2

投資を続ければ続けるほど資産が増える確率は高まる

資産は長期で積み立てる

単純に考えてみてください。仮に、65歳までに2000万円を貯める必要があるとして、60歳から5年で準備するのと、45歳から20年かけて準備するのと、どちらが達成しやすくなるでしょうか。

皆さん、直感でなんとなくわかっていただけると思いますが、計算式を用いて考えてみましょう。

まずは、仮に毎月一定額を金利0％で単純に積み立てる前提で比較してみましょう（17、18ページの図表を参照）。

■60歳から5年で2000万円を準備

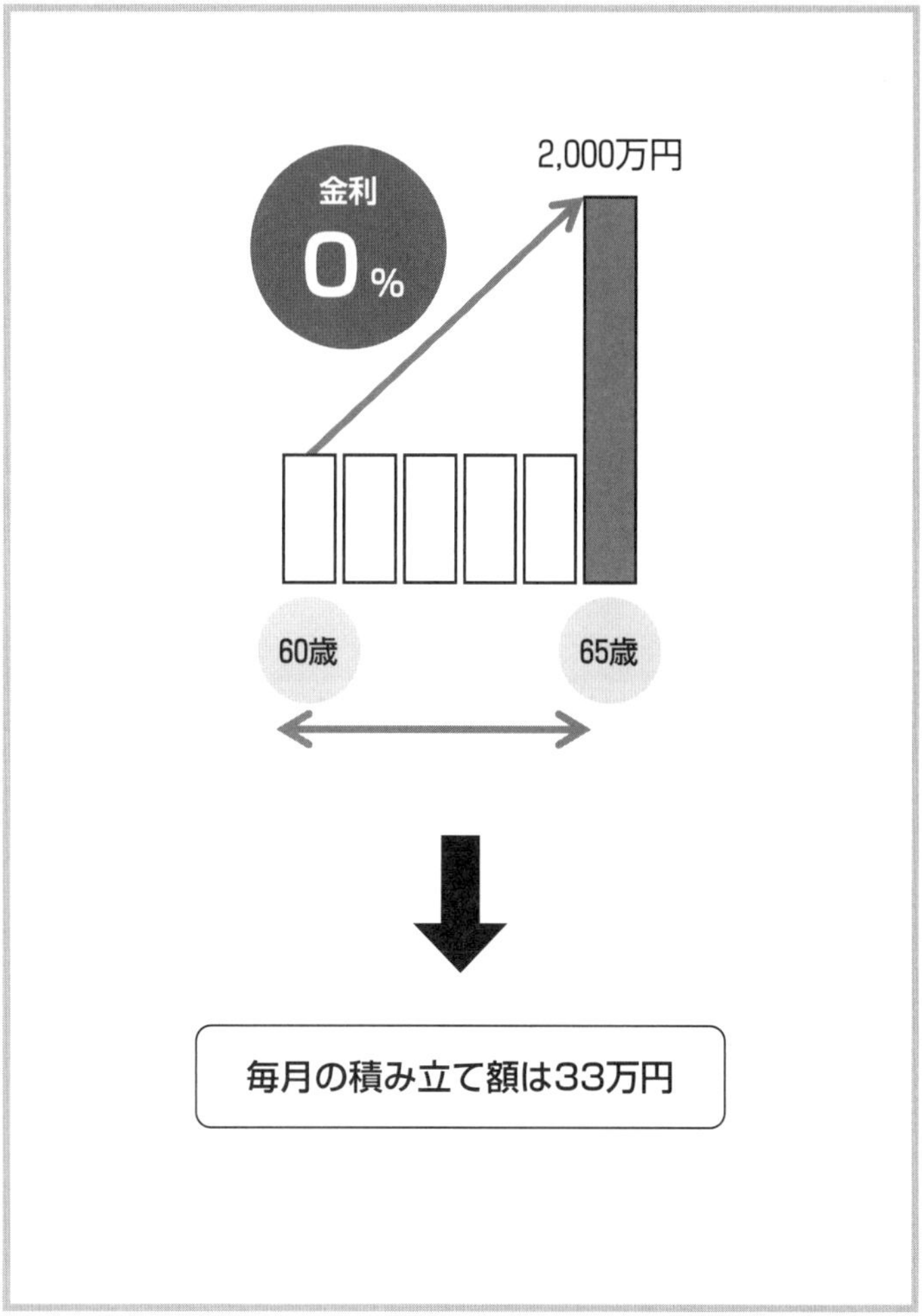

■45歳から20年かけて2000万円を準備

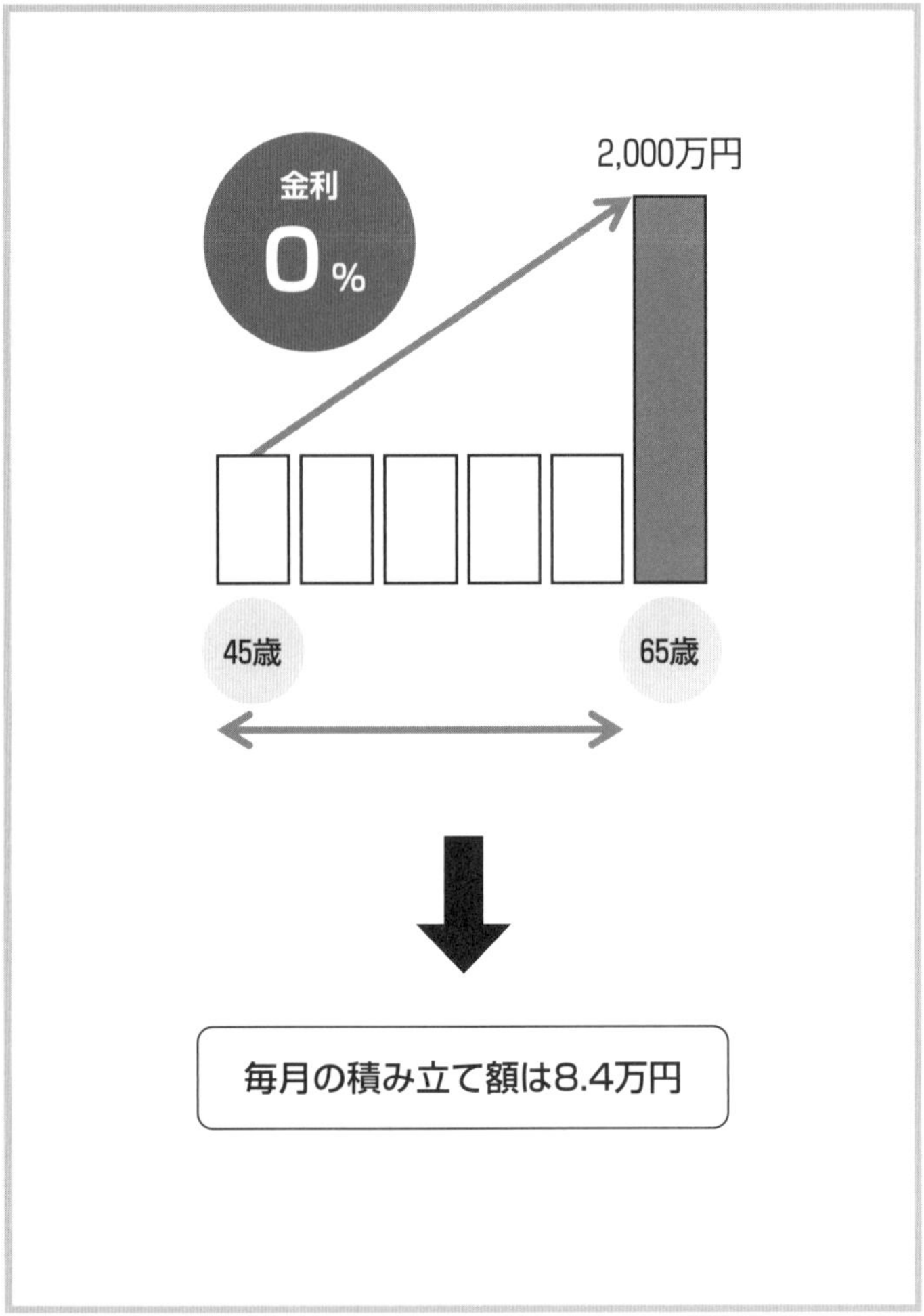

結果は、5年で積み立てようとすると毎月33万円、20年で積み立てようとすると毎月8・4万円必要になります。当たり前といってしまえばそれまでなのですが、**一気に貯めようとすると、毎月の貯蓄目標額が大きく跳ね上がってしまいます。**

すごい「複利」のしくみ

前の例では金利がつかない場合の「0％」で比較しましたが、金利が付くとどう変わるのでしょうか。読者の方の中には、もしかしたら**「金利を味方につける」**という表現を聞いたことがある方もいらっしゃるかもしれません。

具体的には、元本《がんぽん》を預けたことによって得た利息を、そのまま引き出さずに元本部分に追加（再投資）し、継続して運用していくことです。

100万円を1年間預けた時の利息が10万円（利率10％）だとすると、利息をそのつど受け取っていくパターンの**「単利」**と、利息をさらに再投資する**「複利」**で、5年間運用した場合のお金の貯まり具合を比べてみましょう。

「単利」の場合を式にすると次のようになります。

100万円＋10万円×5年＝100万円＋50万円＝150万円

■単利で増えるお金

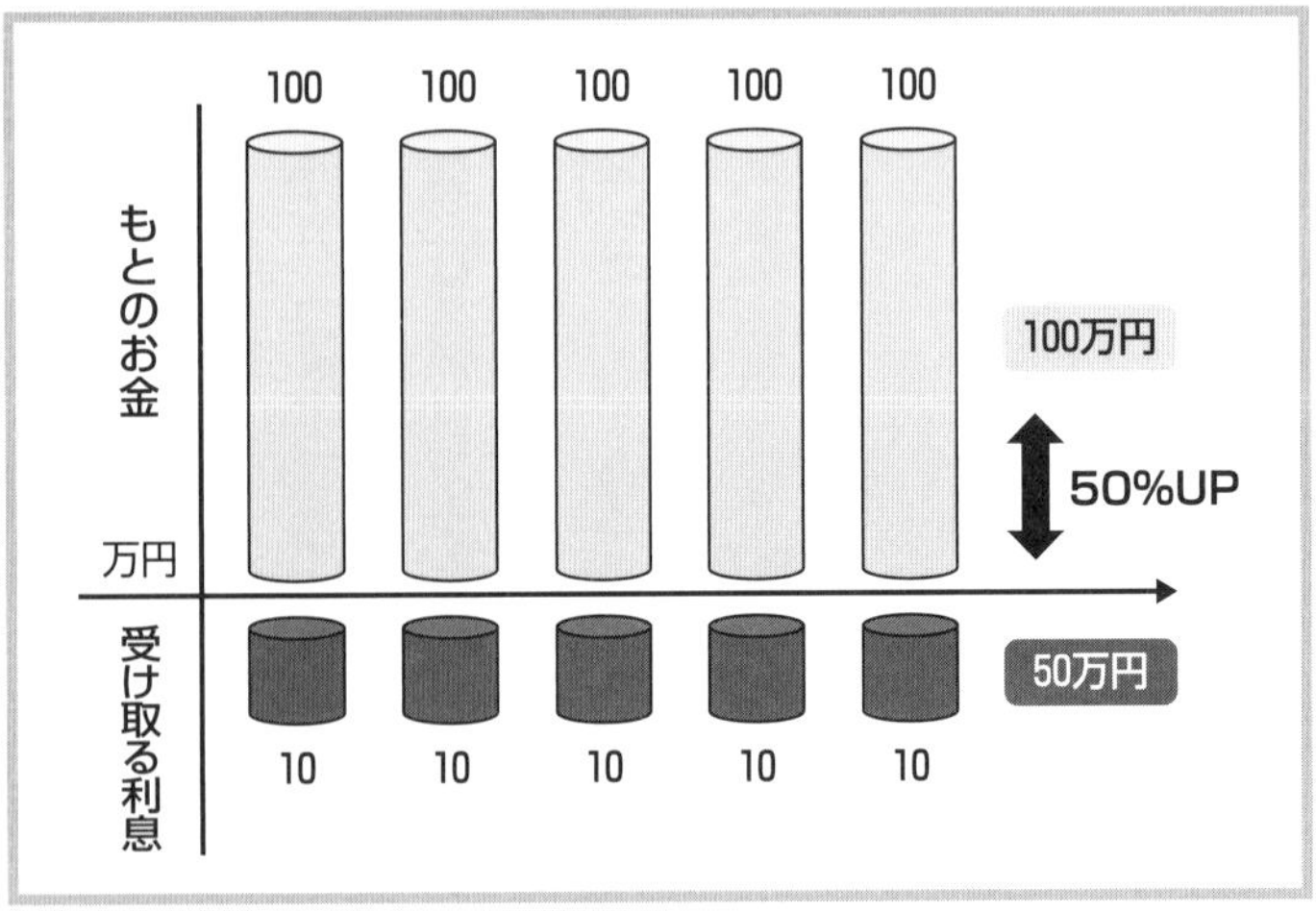

■複利で増えるお金

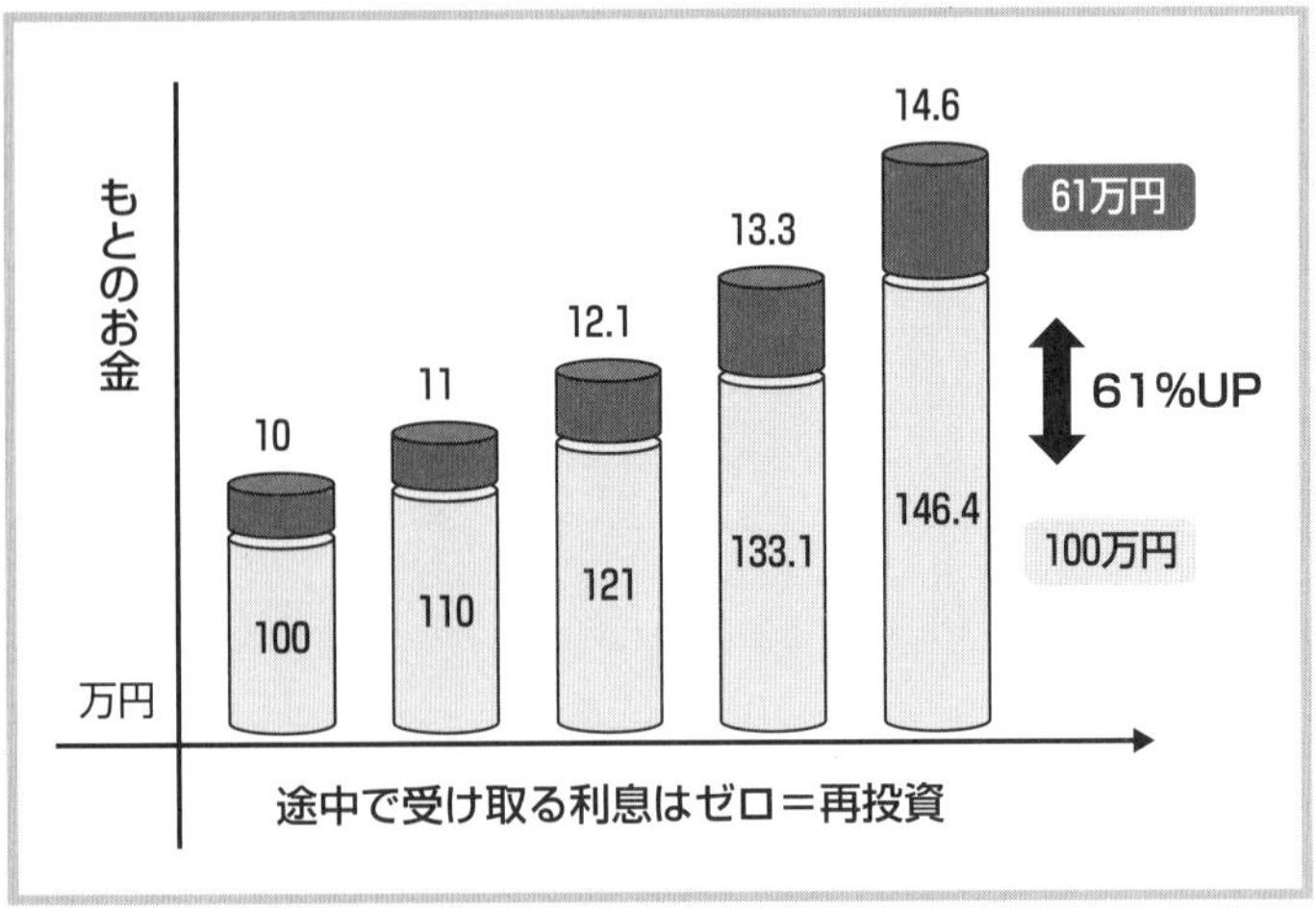

少し複雑ですが、「複利」の場合を数式にすると次のようになります。

> 100万円×（1＋0.1※1）^5※2＝約161万円
> ※1：10％の利率分　※2：1・1の5乗、5年運用

100万円を利率10％で5年間運用した場合、最終的に増える金額は、単利で50万円、複利で61万円と大きく差がつくことをわかっていただけると思います。**お金を効率良く貯めるには、金利と複利を活用することが重要になってくるのです。**

「72の法則」と「36の法則」

複利について考える際、簡単にシミュレーションでき、かつ、とてもわかりやすいのが**「72の法則」**です。

この法則を使えば、利回りごとに「資産が倍になる年数」を、簡単にイメージすることができます。公式は次の通りです。

「72の法則」 72÷利率（%）＝資産が倍になる年数

例えば、1%の利率だと何年で資産が倍になるかというのは、

72÷1（%）＝72（年）

となります。

■資産が増になる年数

利率		
3%	→	72÷3＝24年
6%	→	72÷6＝12年
9%	→	72÷9＝8年
12%	→	72÷12＝6年

同様にそれ以外の利率を見てみると、上の表のようになります。面白いと感じていただけましたでしょうか？

当たり前かもしれませんが、倍になる年数を2分の1にしたければ、利率は2倍必要ですし、倍になる年数を3分の1にしたければ、利率は3倍必要です。

反対に、利率が2倍になれば、資産が倍になる年数は2分の1になりますし、利率が3倍になれば、資産

■36の法則

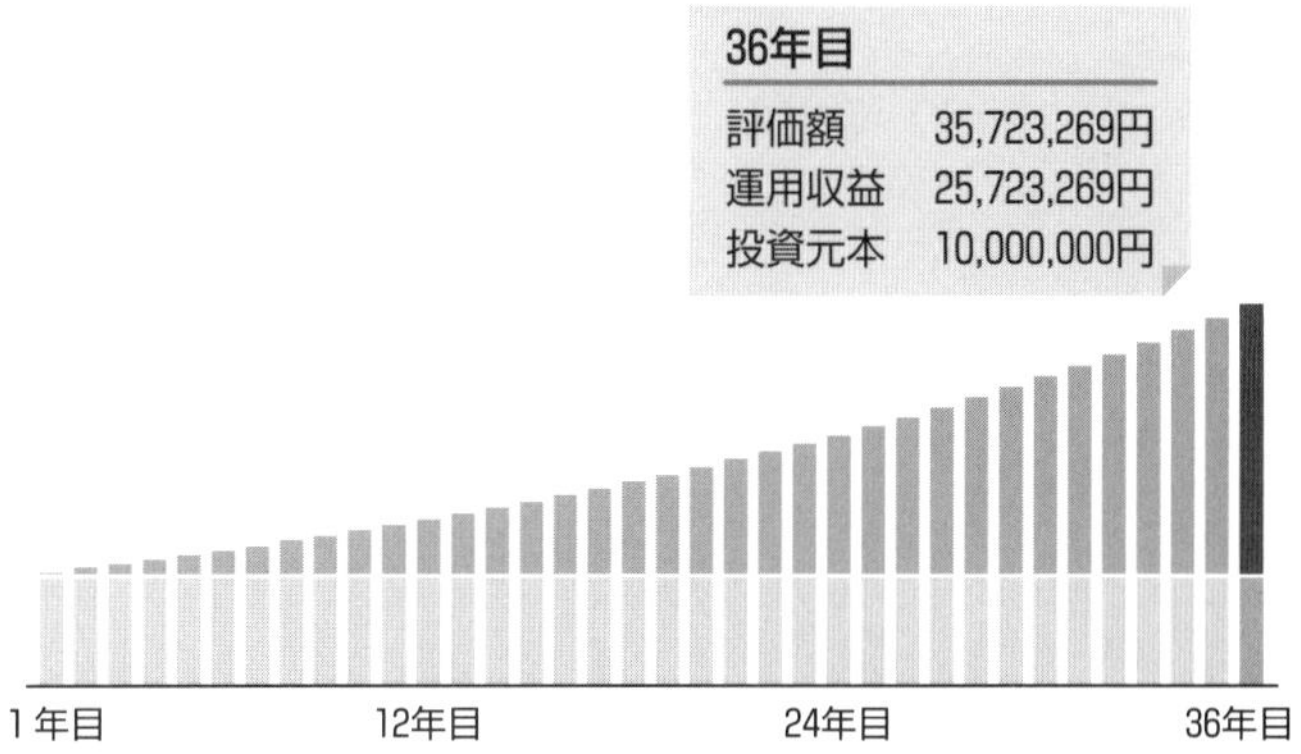

1,000万円を36年間3.6%複利で運用すると
およそ3,600万円になる!!

「投信アシスト」(https://toshin-assist.jp/calc)を基に作成

が倍になる年数は３分の１になります。

あとは、もうひとつ覚えておいていただくと良い公式が**「36の法則」**です。これは、利率３・６%で36年間、複利で運用すると元本がおよそ３・６倍になるという公式です。

つまり、１０００万円を３・６%複利で運用できたとすると、36年後には約３６００万円になっているということになります。

まとまった資金をまったく出金せずに３・６%で複利運用で

きると、かなり貯めることが可能になります。

このような公式も意識しながら、早めに準備することも大切になってきます。

将来の資金をシミュレーションしてみる

現在、銀行のメガバンクの定期預金の金利はおよそ0・002％です。これを前述の「72の法則」に当てはめてみると、資産が倍になるのはなんと3万6千年！　銀行の預金でお金を増やそうとしても、途方のない時間がかかってしまうんです。

私がお伝えしたいのは、「銀行の預金では利回りが低いから、投資をしましょう」ということではありません。預金も立派な資産運用です。財布代わりに使ったり、すぐに使わないお金をプールしておいたりといった用途には、適切でしょう。

ただし現在は、**資産形成するのに適した利回りを預貯金だけで得られることは難しい**、ということです。

ここまで、金利についていろいろと述べてきましたが、ある程度のお金を貯めようとしても、利回りが異なると、1カ月ごとに貯めていかなければいけない金額に大きな差が出るのがわかっていただけたかと思います。

■60歳から5年で2,000万円を準備

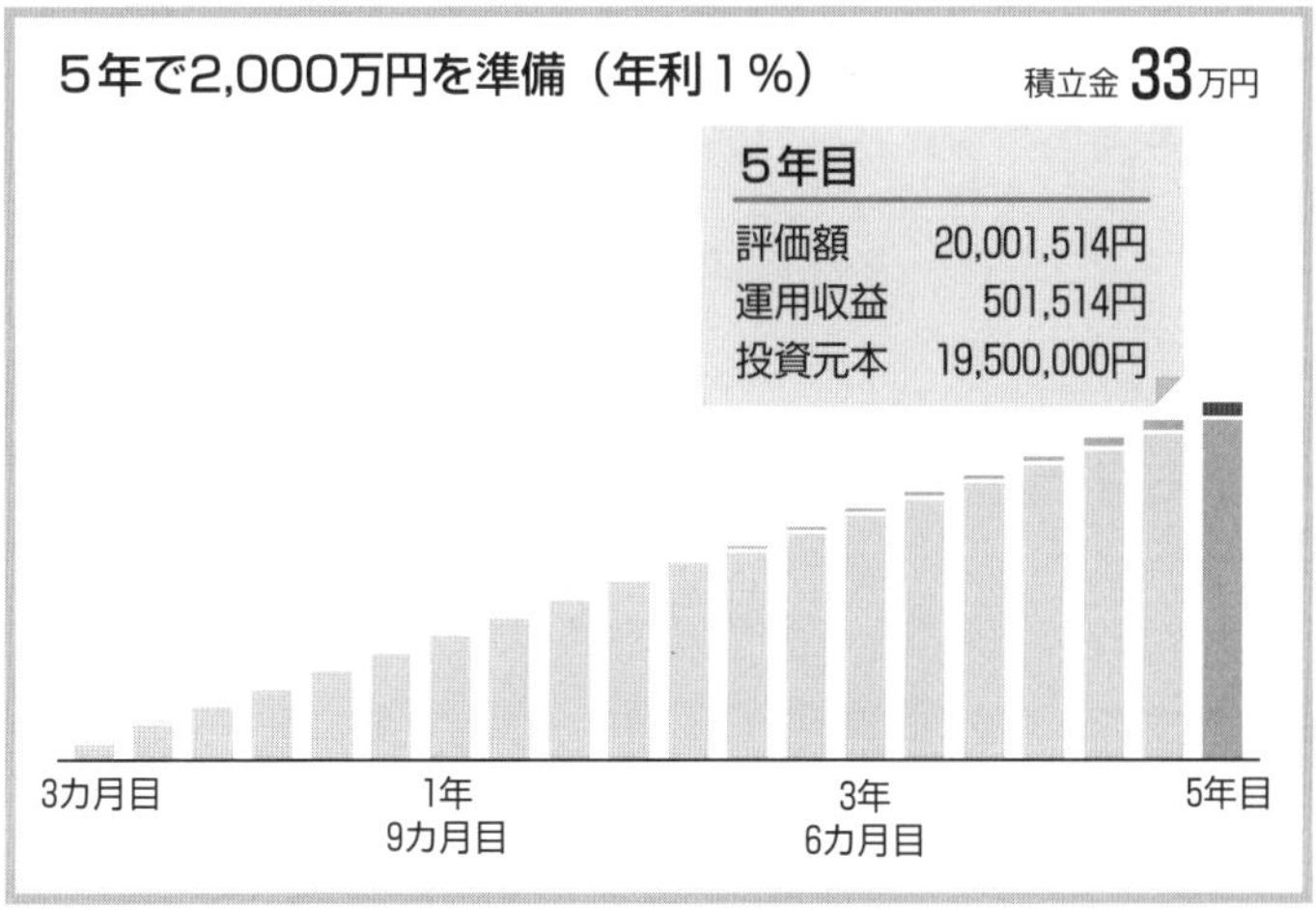

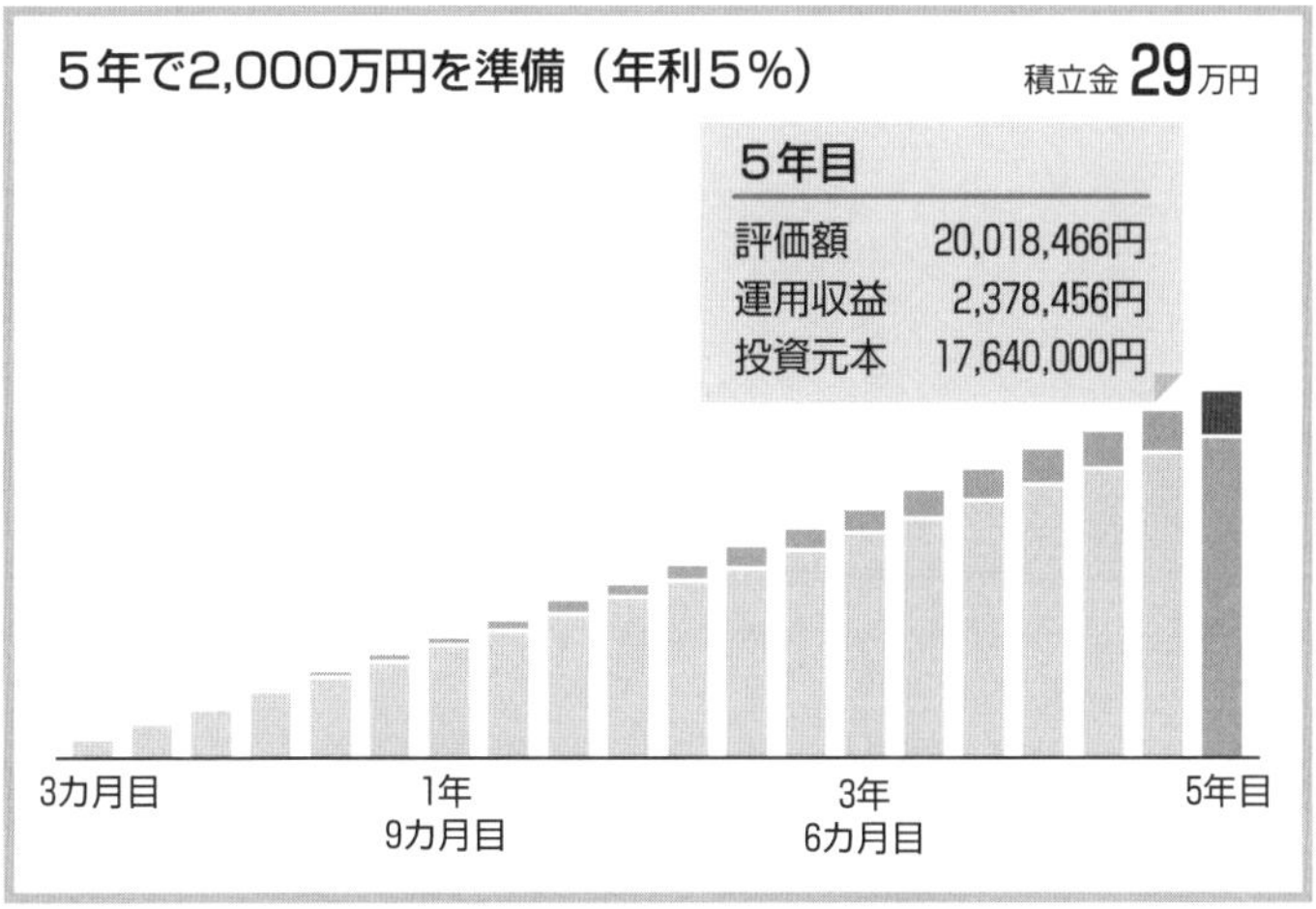

「投信アシスト」（https://toshin-assist.jp/calc）を基に作成

ここでは、２０００万円を貯めるための方法を、期間別、金利別にいくつかのパターンで考えてみましょう（25、27ページ図表）。

こうやって比較するとどうでしょうか。金利がある程度あり、かつできるだけ早くから始められれば、毎月コツコツ貯めていく金額が少なくなり、より多くのお金を得やすくなることが実感していただけるのではないでしょうか。

ただし問題は、銀行預金が超低金利のいまの状況では、預貯金に頼るだけだと、このシミュレーション自体が不可能に近いということです。何か、預貯金以外の金融商品を活用して準備はできるのでしょうか。

その答えがズバリ、**「ポイント投資の活用」**です。ポイントを利用しながら、投資信託などの金融商品への投資によって資産形成を行い、それを長く継続していくことです。

「いやぁ～、投資信託ってリスクがあるんでしょ？」
「投資は損するかもしれないから、やりたくない」
「素人にはムリムリ」

■20年かけて2,000万円を準備

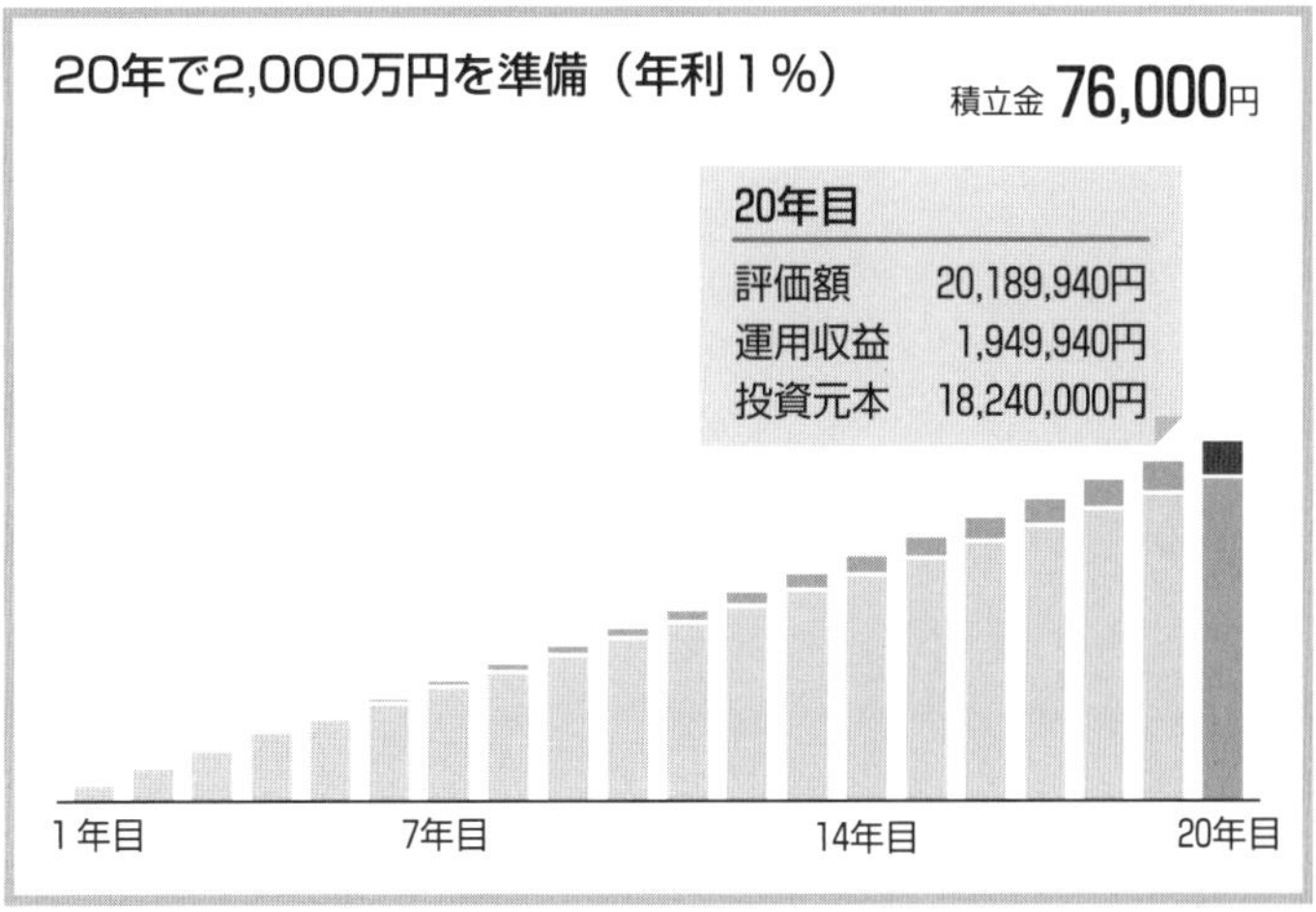

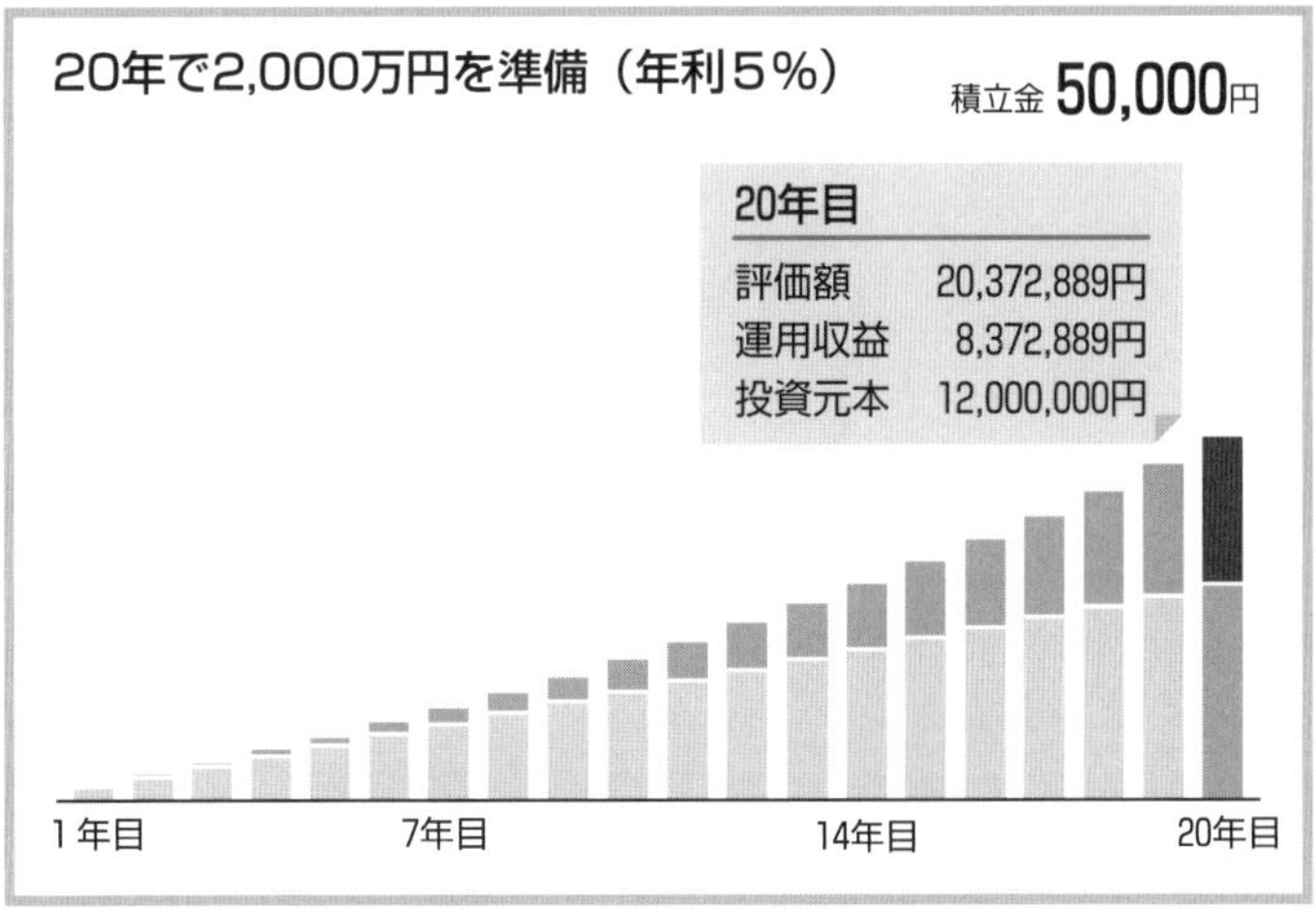

「投信アシスト」（https://toshin-assist.jp/calc）を基に作成

「毎日、金融商品の値段をチェックするなんて、やってられない」

……なんだかそんな声が聞こえてきそうですが、原因はあるのでしょうか。

Point 3

継続的にポイントを得られれば長期投資ができる

元手ゼロによる投資は、過度な損失ダメージを減らす

お金を失うことへの過度な不安から、投資を敬遠してしまう傾向にあるのは仕方ありません。人間はそういう動物なのです。

誰しも損したくない気持ちは否定できません。**「損する」ことに対する気持ちのダメージは、「得する」ことに対して、2～2・5倍も強いと言われています。**

確かに、自分の財布からお金を出して投資したものの、その投資がマイナスになってしまったら、ショックを受けない人はいないかもしれません。

でも、元手ゼロで投資した分に対してなら、少しは損しても構わないと思えるようになるのではないでしょうか。

さらに、もしその元手ゼロで投資した分が資産運用の結果、増えていくことを実感

できれば、一時的であれば少しは損してもいいと思えるのではないでしょうか。何せ、もともとのコストは0円なのですから。

まずオススメなのは「0円投資」

繰り返しになりますが、**0円投資とは、本書においては「元手0円で投資をするしくみ」のことです。**具体的には、日常生活の各サービス利用によって付与された「投資にまわせるポイント」や「現金に交換できるポイント」を、「投資信託や株式の購入原資」とすることで、「結果的に0円で投資ができるしくみ」です。

このしくみなら、自分の財布から1円も出さずに投資信託や株を購入するため、抵抗なく資産形成デビューができてしまうのです。

ポイントを貯める際の注意点

PayPayや楽天ペイなどに代表されるコード決済（QRコード・バーコード決済）での、ポイントによる還元策の影響や、コロナ禍でなるべく紙幣や硬貨を触りたくないというニーズもあり、**「ポイ活」**（ポイント獲得活動）がより一層、流行してきているのを実感している方も多いのではないでしょうか？

ポイ活という言葉は、「より賢く効率的にポイントを貯める活動」というニュアンスで受け取られるかもしれません。ただ、1ポイントでも多く獲得しようと、貴重な時間をそればかりに費やしてしまったり、ポイントのために高額な商品を買い続けるというのでは本末転倒です。

本書は、**より賢く効率的にポイントを貯めることで、家計の貯蓄残高をより効率的にストレスなく増やしていくことを目的としています**から、ポイ活という言葉について、「ポイントが付与される、ちょっと楽しい生活」という程度の意味合いで使用していきたいと思います。

そのため、露骨にポイントを貯めるための極端なポイ活を必要としない、ポイントを貯めるために、従来の生活スタイルを極端に変えてしまうような無駄な消費をしない、ということを前提にして、話を進めていきます。

Point 4

投資を始める前にこれだけはやってほしいこと

家計をザックリ把握しておこう

あなたがどのような職業で、どのように稼いでいたとしても、家計におけるお金のしくみは変わりません。「収入－支出＝貯蓄」です。

「収入」「支出」「貯蓄」――これら3つのカタマリをそれぞれザックリ把握しておくだけで、家計の維持に役立つのです。

そのために、最低限イメージしておいていただきたいことがいくつかあります。

・**将来自分がどういう生活をしたいか**→将来の生活スタイルと、それによる生活水準・生活費をイメージする

・**将来の収入はどれくらいあるのか**→年金など、将来の見込み収入を把握する

・**将来の貯蓄はどれくらい必要か→**年金だけでは足りない生活費を補うために、いまで貯めてきたお金を、どれくらい取り崩していくかを把握する

これらをまとめると、将来に向かってどれくらいのお金を貯めておく必要があるのかが具体的になり、いまから始める貯蓄計画がよりハッキリわかるようになってきます。このような人生とお金の計画表を**「ライフプラン」**といいますが、細かくなくても大丈夫です。全体像がなんとなくわかるようにしておきましょう。

とてもザックリとしたライフプランになりますが、ひとつ事例をご紹介します。

現在30歳で65歳定年、定年後の生活費は月30万円、年金は毎月15万円、100歳で亡くなると仮定した場合に、総額いくらくらいを、定年までの65歳までに貯めておけばいいのかという目安です。

・**定年後の余命**……寿命100歳－定年65歳＝35年
・**定年後の生活費**……35年×12カ月×生活費30万円＝1億2600万円……①
・**支給される年金**……毎月15万円×12カ月×35年＝6300万円……②

・**定年までに貯めておくべき金額**……①－②＝６３００万円……③

③を、30歳から定年65歳までの35年間で貯めるとしたら、毎月の積み立て額はおよそ次のようになります。

・**利回り０％↓**毎月15万円
・**利回り１％↓**毎月13万円
・**利回り３％↓**毎月８・６万円
・**利回り５％↓**毎月５・７万円

いまから毎月いくらくらい貯めていけばいいかの目安を簡単に計算すると、このようなイメージになります。20代・30代など、比較的リスクをとれる時から資産運用を始めておくと、後々だいぶラクになりそうだというイメージをもっていただけましたでしょうか。

✓将来、どんな生活を送りたいかをイメージしてみよう

将来、必要なお金を把握するためには、現状の生活水準を基準に、将来どれくらいの生活水準で暮らしていきたいかを決めることから始めます。

「そんなのわかんないよ」という方もいらっしゃるかもしれませんが、これをひとまず決めておかないと、具体的な行動に移す目標が決まらないのです。

目標が決まらないといくら足りないのか、いくら貯めなければいけないのかもわかりません。ザックリで構いませんので決めてしまいましょう。

正確なシミュレーションが必要というよりも、資産運用を始めるなど、行動に移すきっかけとなるためです。イメージが可視化できるようにしておきましょう。

生命保険文化センターによる、2019年の「生活保障に関する調査」によれば、夫婦2人で老後生活を送る上で必要と考えられている老後の最低日常生活費は、月額で平均約22万円となっています。

必要だと考える生活費の分布を多い順からみてみると、

20万～25万円未満：29・4％
30万～40万円未満：17・0％
25万～30万円未満：13・1％

となっており、20万円以上あればなんとかなると考えている方が多いようです。

将来の生活イメージをベースにして、老後必要な費用を把握しておくことも一案です。

未来に足りない分以上のお金を貯める計画を立てよう

以上のプロセスを経ることで、イメージした未来の生活に対して、どれくらいの金額を貯めていけばいいのかが大体わかります。

ただし、親や自分たち家族の介護などが絡んでくれば、あっという間に家計の赤字が膨らんでしまいます。ギリギリの状態を目指すのではなく、ある程度余裕をもった貯蓄計画を立てましょう。0円投資には、ちょっとした老後資産の上乗せ効果も期待することができます。

Point 5

筆者はこうして0円投資を実行している

まずは小さく始めてみる

毎月コツコツと積立てをする感覚でお金を貯めるにしても、それが苦痛となってしまっては続きませんんし、その反動で過剰な浪費に走ってしまうということにもなりかねません。

ダイエットする際に、運動不足の人がいきなりジョギングを始めるとケガをしてしまいます。ウォーキングから少しずつ脂肪を燃焼していくように、まずは少額からお試しで始めてみるといいでしょう。

幸い、**いまはたった100円分のポイントがあれば投資ができる時代です**。100円投資ではどんなに増えてもたかが知れていますが、逆に半分に減ってしまっても大したことはない金額かと思います。いままで経験したことのない未知の体験をするわけですから、少しドキドキする気持ちもあるでしょう。ちょっとずつ慣れていけば大丈夫です。

少額とはいえ、筆者が実践にこだわるのには理由があります。

ゲームやシミュレーション運用、単純にポイントが増減するだけのポイント運用は、結局はバーチャルの世界なので、資産運用しているという実感を得るには限界があります。最終的にポイントで返ってきたとしても、結局消費することしかできませんので、用途も限定されてしまいます。

0円であれ、投資のデビュー戦が仮想の世界ではなく実践であるというのは、投資経験を将来のために役立てるという意味でも、大きな一歩になります。

なるべく自動化

筆者は仕事上、キャッシュレスやポイントの研究をしていますし、もともと証券会社で働いていましたので、資産運用はもはや趣味のようなものになっています。

しかし、読者のなかにはそうではない方も多いはずですので、なるべく手間なく、毎月自動的に積み立てをするように設定して資産形成をしていったほうが、面倒くさくないので継続しやすいでしょう。

こうしておけば、普段は資産運用について細かく考える必要はまったくありません。**0円投資をしくみとして自動化していくことを目指しましょう。**

なるべく一極集中

旅行のための飛行機チケット代をポイント（マイル）だけで手に入れた、などといった話は聞いたことがあるかもしれません。実際に飛行機に乗ることでマイルを貯めるのではなく、ポイ活でマイルを貯める人たちを、「陸《おか》マイラー」といいます。彼ら彼女らは日常のポイ活やキャッシュレス決済を通じて、マイルを貯めることに集中しています。一極集中したほうが効率は良いわけです。

0円投資も同じです。個人差はありますが、**なるべく貯めるポイントを集約したほうが効率良く、投資にまわせるポイントや現金を貯めやすくなります。**

もちろん、同時進行で数種類のポイントやマイルを貯めることは可能ですが、本書では、スムーズに資産形成のスタートを切るために、0円投資に使えるポイントを集中して貯めることを想定してご紹介します。

■ 著者が獲得してきたポイント

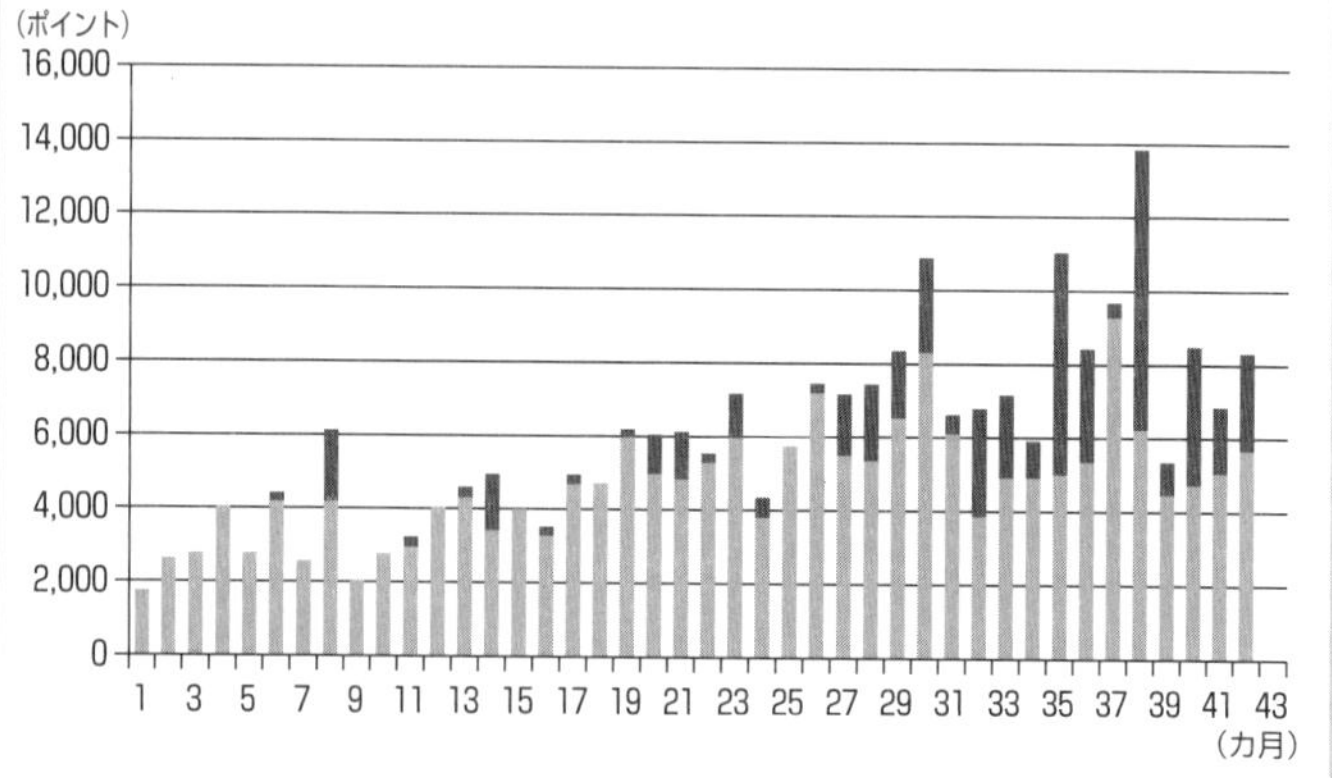

：楽天ポイント（通常ポイント・期間限定ポイント・現金プレゼントを含む）
：楽天グループ以外から獲得したポイントや現金の合計
※１ポイント＝１円として計算
下段数字：月数（2021年3月時点で42カ月目）

筆者のポイント獲得事例

ご参考までに、筆者の場合を例に、毎月どれくらいのポイントを獲得してきたかをグラフにしてみました。

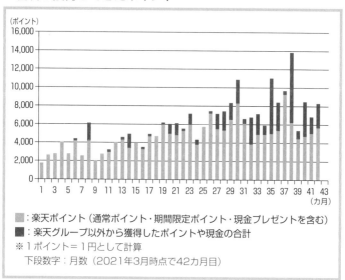

この統計を取り始めてから42カ月（3年半）が経っています。楽天ポイントの場合、ポイント獲得実績は、**「楽天ポイントクラブ」**というウェブサイトやスマホアプリで確認できるようになっています。

筆者の場合ですと、約33万ポイント（1ポイント＝1円、うち0円投資分は約24万ポイン

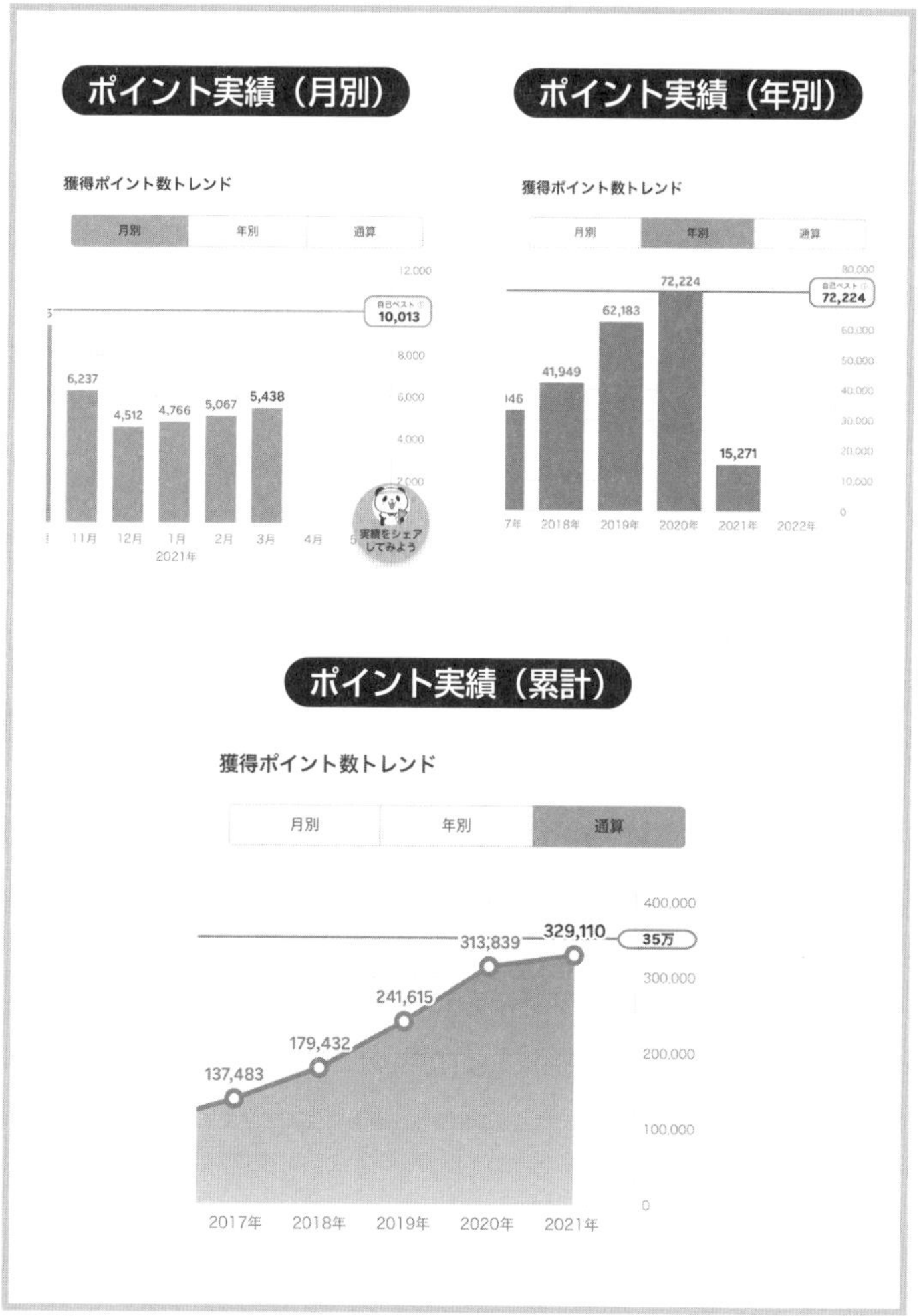

楽天ポイントクラブのスマホアプリの筆者ポイント口座画面より抜粋

ト）の楽天ポイントを獲得してきました。
楽天証券で０円投資ができるようになるまで、当初はなんとなくポイントを貯めては使っていましたが、途中からちゃんと考えてやるようにしました。その結果、毎月コンスタントに５０００円分超のポイントを獲得しています。

もはや意識して貯めることはほとんどありませんが、生活スタイルを変えずに貯まる、現金とほぼ同じ価値があるのがポイントです。そう考えれば、決して少なくない現金相当分のポイントを、無理なく貯めていけることに納得していただけるのではないでしょうか。

筆者のクライアントには、毎月10万ポイント超を貯めている方もいらっしゃいます。ここまで貯められるのは限られた人になりますが、どうすればうまく貯められるのか、各人でいろいろ試してみると面白いでしょう。

ポイントをうまく貯めるコツ

例えば、個人事業主や経営者のように、出費が経費とプライベートに分かれる職業の方は、楽天ポイントの貯め方がわかりやすいかもしれません。事業の経費で落とせるものを、ポイントを使わずに楽天市場で買います。すると通常ポイントと期間限定

■備品購入のポイントを投資にまわす

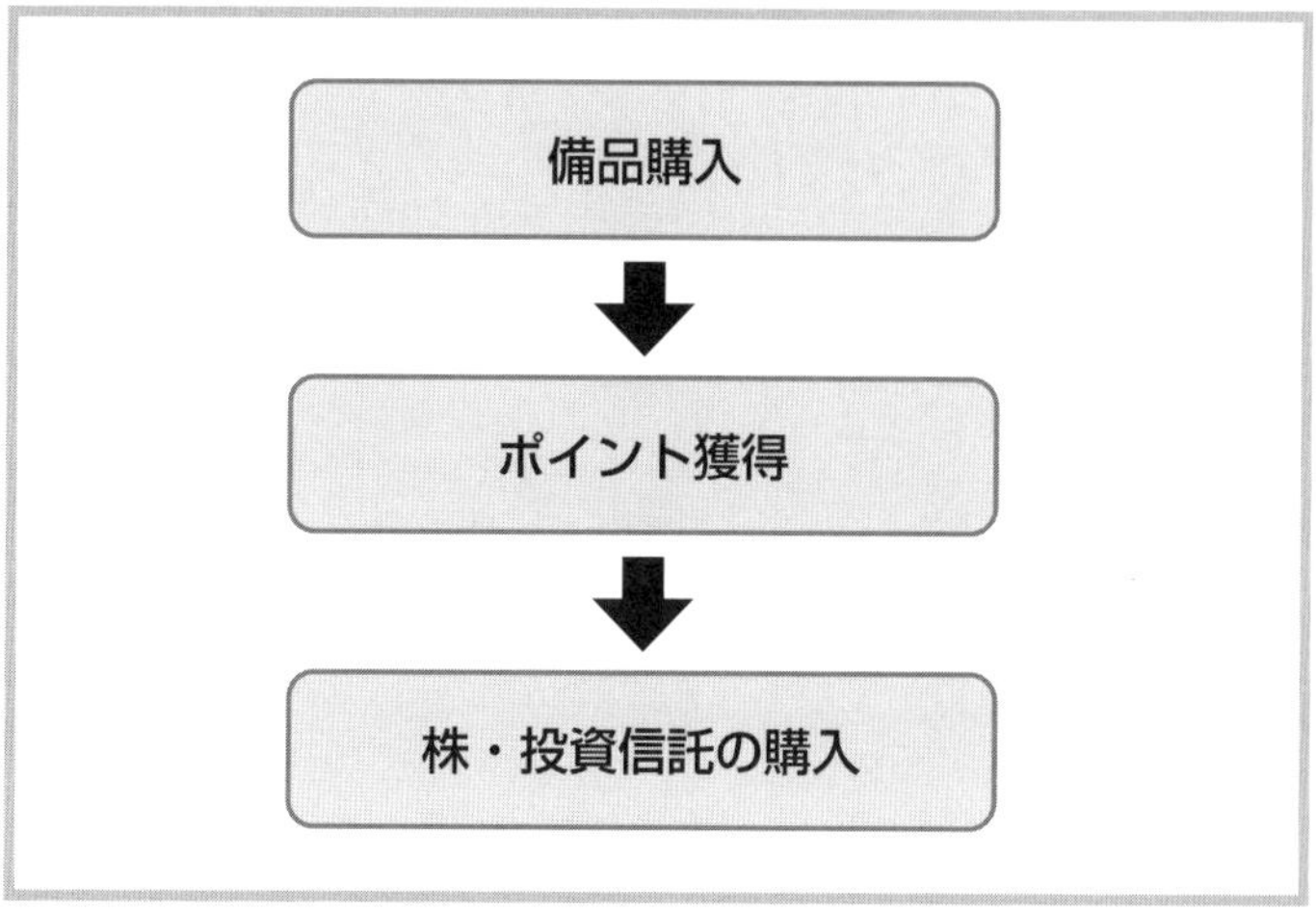

ポイントが付与されます。

通常ポイントは0円投資に活用できるポイントとなっており、投資信託や国内株式の現物取引の購入代金に充当できます。有効期限は最後にポイントを獲得した月を含めた1年間ですが、期限内に1度でもポイントを獲得すれば、有効期限は延長されます。0円投資家であれば実質的に有効期限はないと考えてもいいでしょう。

期間限定ポイントは、そのままでは0円投資には活用できませんが、ネットショッピングや楽天ペイなどで、日常のお買い物に充当できます。それで浮いた分のお金を投資にまわせば、実質0円で投資することができます。なお、期間限定ポイントは、該当の各キャンペーンやプログラムによって有効期限が異なります。

こうすれば、**楽天ポイント付与分だけ、実質的に収入が増えます**。毎月楽天ポイント付与分が家計の収支改善に貢献してくれるのです。その分を、どんどん投資にまわしていくイメージです。

このようなポイントを貯めるしくみを作り上げることは難しくなく、単純です。単純ですが、後から振り返るとバカにできない金額の資産を貯めることができます。やって損がないしくみをうまく活用することができれば、ポイントで購入している金融商品のちょっとした損益は気にならなくなるでしょう。どちらにせよ、元手は0円で手に入れたポイントなのですから。投資していること自体を忘れたうえに、気づいたら元手が増えていた、という状況になるのが一番です。

著者はかつて、自己流で適当にポイントの管理をやっていましたので、いま思えばさらに十数万円分以上のポイントを獲得できていたはずでした。

ポイント獲得の技術をきちんと把握しておくことは、資産運用のコツとはなんら関係なく、資産を着実に増やしていくために必要なことです。知っていたか知らなかったかで、貯蓄額が変わるなら、知っておいたほうが絶対お得ですよね。

ラクして貯蓄額を増やせる方法があれば、それを活用するかしないかはあなた次第です。

獲得したポイントはなかったことにする

お金の使い方に関する失敗例として挙げられる行動パターンのひとつに、宝くじ当選者の末路の話があります。宝くじが当たると、生活スタイルが以前と比べて激変してしまい、分不相応な消費を招き、結局は破たんしてしまう――、そんな例は少なくありません。

アメリカのメジャースポーツ選手でも、稼いでいた現役時代に浪費グセがついてしまい、引退して収入源や収入額が大きく変わったにもかかわらず、その浪費グセが抜けずに、引退後数年で家計が破たんしてしまう方が少なくないそうです。

我々はそうならないように、**日常生活の出費から得たポイントはなかったことにして、なるべく自動的に投資にまわすようにしましょう。**

これは、投資に限らずマイルを貯める際なども同様です。マイルを賢く貯めて海外旅行に行けたとしても、それで気を良くして、予想以上にお金を使ってしまうということは往々にしてよくあります。

ポイントやマイルが貯まったからといって、一般的な生活パターンであれば、日常生活がいきなり豊かに変わることはありません。そんな勘違いによる使いすぎを防ぐためにも、獲得したポイントをなかったことにして、もともと予定されてる出費の節約や、投資にまわしたほうが無難で有効なのです。

これはとても簡単で継続しやすい家計管理の方法です。一度設定してしまえば、ポイントや現金のデータ管理をするだけなので、何をどれくらい買えばいいのか、という話はほとんど気にしなくてよくなります。

数年たって気づいたら、パソコンや洗濯機がラクに買えていた、なんてこともあり得るのです。

第2章

キャッシュレス決済とポイント貯蓄のしくみ

Point 1

キャッシュレスを活用すればポイントがみるみる貯まる

キャッシュレス決済のメリットとは？

キャッシュレス決済によるポイント還元や、マイナンバーカード作成によるマイナポイント付与といった施策もあり、「キャッシュレス決済」の普及が加速しましたよね。**「ポイント投資」の原資となるポイントは、キャッシュレス決済を活用した際に付与されるケースが一般的です。**

支払方法を、現金ではなくクレカ（クレジットカード）やＱＲコード決済などにすることで、同じ金額の買い物をしても、ポイント分がお得になります。

より効率的に時間を使える

キャッシュレス決済を利用するメリットはポイント獲得以外にもあります。

お昼休みは1時間。ところが、銀行のＡＴＭに行くと大行列……。昼食を買いに、コンビニのレジに並ぶと、目の前で小銭のやり取りに長引いてるお客さん……。

店員：９６８円です。

お客：１００円玉９枚と、10円玉６枚と、１円玉８枚……。あ、１円足りなかった。やっぱり１０００円でお願いします。

こんなやり取りに、ちょっとイラっとしたことはありませんか？　必要性のないことで時間を無駄にすると、なんか微妙な気持ちになりますよね。

キャッシュレス決済を意識して行うようにすると、硬貨などの現金を持ち歩かないで済みますので、レジ混雑の原因にもなりませんし、ＡＴＭで現金を下ろすことも少なくなります。

お会計が１００円でも、堂々とキャッシュレス。キャッシュレス決済が普及していくと、本来なくてもいい無駄な行動が減るのです。

お金の貯めグセがつく

クレカで決済するとお金を使いすぎるとよくいわれますが、むしろ逆です。クレカの引き落しができないと、自分の信用に傷がつきますし、後々なにか不都合なことが起こるかもしれないと、引き落し日には注意を払うようになります。

クレカでの決済明細の確認には事業者の都合もあり、多少の時間がかかることはありますが、ＱＲコードをはじめとしたキャッシュレス決済の利用履歴は、大体すぐに把握できるようになっています。

カード引き落しの口座を、貯蓄用の口座と分けるなどして、使いすぎを防ぐことも一案です。利用額や利用可能額をチェックし、あらかじめその金額を口座に準備しておけば、使いすぎや残高不足の心配はなくなるでしょう。

キャッシュレスでも現金でも価値はまったく一緒

お金は使い方によって価値が変わるわけではありません。生活費も、いま買わなくてもいい買い物も、寄付であっても、ギャンブルであっても、支払ったという事実は何も変わりません。お金の使い道、活かし方が変わるだけです。

キャッシュレス決済も同じ考え方が通用するのではないでしょうか。**現金だと使いすぎないけど、キャッシュレス決済だと使いすぎるというのは、同じ支出、同じお金なのに、お金に勝手に色をつけているだけです。**

現金だろうがキャッシュレス決済だろうが、同じ価値をもつという点は、特に意識しておきましょう。

このような考え方をもっておくことで、キャッシュレス決済を利用していても、貯めなければいけないお金を先に確保しておいて、残金でなんとかやりくりするというお金の貯めグセをつけることができます。

なお、お金を貯めるには、天引きなどで強制的に貯めるのが最も良いと、昔からいわれています。筆者もサラリーマン時代、会社の先輩に、手取りの2割を強制的に貯蓄にまわし、さらに貯蓄できる金額の半分を資産運用にまわしなさい、といわれたものです。

我々人間の意志はそんなに強くありませんので、このようなしくみづくりは、とても有効です。

人間は面白いもので、はじめから使える額が決まっているとわかっていれば、その範囲内でそれなりになんとかしようとする心理が働きます。お金は、あればあるだけ使ってしまうことが多いかもしれませんが、逆に手元になければないで、そんなに使うことがなくなったりもします。

これが何年も継続できると、いい加減に積み立てしていた人と、しくみをつくって積み立てしていた人とでは、大きな差がつきます。

生活水準以上の消費や生活スタイルの変化に注意

キーワードは**「本末転倒にならないように」**ということです。

キャッシュレス決済を活用する場合にも、あくまで変えるのは支払方法だけで、収入に変化がないのであれば、従来の生活水準を崩してしまうような過剰な浪費をしないよう、注意してください。

ポイ活のために支出を増やすのは、家計管理においては本末転倒です。なんのために消費するのか、ちゃんと考えましょう。

ポイントが貯まるなら買っちゃおうとか、ポイントが貯まるから少しくらい多めに買ってもいいとか、ポイントを口実にして、自分を変に納得させることがないように注意してください。

また、キャッシュレス決済を利用するためにわざわざ日常の生活スタイル・生活圏を変えてしまうのも、時間の無駄です。「0円投資」をストレスなく継続していくためには、あまり余計な変化は好ましくありません。

Point 2

主要キャッシュレス関連業者を押さえよう

乱立するキャッシュレスサービス

このように、キャッシュレス決済に適応できるかどうかが、0円投資を始める大きなポイントとなるのですが、キャッシュレス関連業者は乱立してきているのが現状です。どの決済手段を使えばいいいか、わかりづらい面も否めません。

とはいえ、現在のところ0円投資で活用しやすい業者は限られています。

ここでは、日本全国どこでも使え、日常生活にもなじみのあると想定される主要業者と、関連するポイント・キャッシュレス決済手段をピックアップした全体像をご紹介しましょう。

なお、次の図では取り上げていませんが、ほかにもイトーヨーカ堂・セブン-イレブンのグループ（セブン経済圏）の動向なども気になるところです。

■生活に密着するクレカとコード決済

ポイント名	クレカ	コード決済	基本還元率 ※単純にクレカと紐づけて、コード決済で支払いをした場合（キャンペーン除く）
楽天ポイント	楽天カード	楽天ペイ	1％ ※楽天ポイントカード提示で＋1％ ※楽天キャッシュをチャージして支払うと＋0.5％
Tポイント	Yahoo! JAPANカード（ヤフーカード）	PayPay	1％ ※PayPay決済前に、Tカード・モバイルTカードを提示
dポイント	dカード	d払い	1.5％ ※dポイントカード提示で＋1％
LINEポイント	VISA LINE Payクレジットカード（LINEクレカ）	LINE Pay	1％ チャージ＆ペイの利用で＋0.5％
Pontaポイント	au PAYカード	au PAY	1％ ※ローソンでの買い物は、前月までの3カ月間の利用状況により、最大＋3％
WAONポイント	イオンカードセレクト	なし ※イオンではPayPay	0.5％ ※イオンカードセレクトでオートチャージ設定をし、イオンでの買い物を、会員登録したWAONで支払うと2％

※PayPayとLINE Payは、2022年4月に国内の店舗でのコード決済部分のみをPayPayへ統合予定
※100円ごとに1P付与を「1％」、200円ごとに1P付与を「0.5％」と表記

本書では、誰でも少額から実際に投資を経験できることを重要視しておりますので、対応するクレカとしては基本的には年会費等の維持費が0円、あるいは実質0円に近いものに限定してご紹介します。主要なキャッシュレス決済と紐づけるクレカのパターンは、ここで紹介したものだけあれば十分でしょう。

日常生活に密接だと思われるものをピックアップしておりますので、生活スタイルに合わせて、相性の良いグループをいくつか選んでいただくといいでしょう。

還元率は、各種キャッシュレスの活用方法やその時のキャンペーン等によって変動しますので、ここでは単純にクレカと紐《ひも》づけてコード決済で支払いをした場合を「基本還元率」としてご紹介しています。

現状では、各社とも1％前後のポイント還元が一般的となっていますが、使用頻度や他サービスの利用状況などによって還元率の差が大きくなります。あくまで参考情報としてとらえてください。

Point 3

「経済圏」(エコシステム)に飛び込めば効率が上がる

ポイント経済圏とは?

ポイントを軸に各種サービスを包括的に提供するシステムを**「ポイント経済圏」**(エコシステム)と呼びます。

経済圏では、貯まったポイントを将来に向けた貯蓄にまわすことを最優先していくようにしましょう。ただし、多数のポイント経済圏に手を出すとわけがわからなくなって管理も面倒くさくなり、かえってストレスになってしまいます。活用できそうなポイントやキャッシュレス決済を少し絞ってみましょう。

筆者もメインに活用していないポイントは、街中のちょっとした少額の買い物や、コンビニなどで消費しています。

■楽天グループの主な金融ビジネス

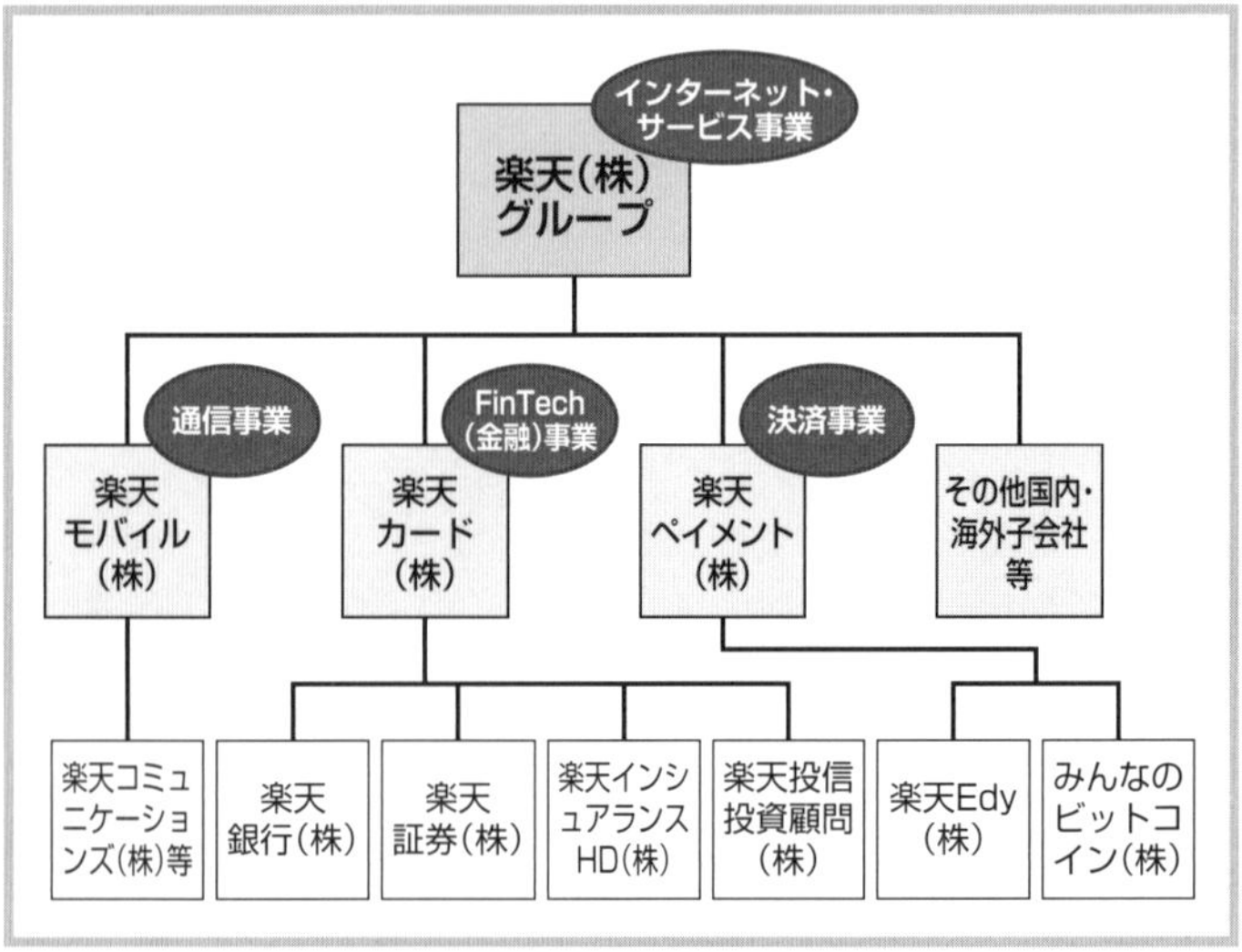

楽天プレスリリース（2019年2月12日）を基に作成
2021年4月より楽天（株）は楽天グループ（株）に商号変更

楽天グループの経済圏

そこでまず、ポイント経済圏の全体像がわかりやすい例としてご紹介したいのが、楽天グループの経済圏です。

楽天グループを構成している会社は数多くありますが、なんといっても面白いのが、楽天カードの下に、金融各社がぶら下がっていることです。

この組織図から、楽天はインターネットサービスの会社であり、日常のネットショッピングにおける消費に重きを置いているのだろうということがわかっていただけるかと思います。

その下に、いま楽天グループが普及に努めている楽天モバイルや、支払いに関する楽天ペイメント、街中で使う楽天カードなどがあります。さらにカード会社の下には、楽天銀行、楽天証券などの金融会社があります。

つまり、楽天グループでは、**「楽天市場」におけるモノやサービスの販売が中心にあり、金融はそれを支えるインフラ機能として存在している**とイメージしていただくとわかりやすい構造になっています。

これらグループを全体的に活用すると、より効率的に楽天ポイントを獲得しやすくなります。そして、ヘビーユーザーであればあるほど、雪だるま式にポイントを獲得できるチャンスが増えていきます。楽天経済圏ではこの部分が非常によく作り込まれています。このしくみは、一般的には**「ポイントの倍付けシステム」**と呼ばれています。

本書では、ポイント獲得方法の詳細な部分まではご紹介できませんが、0円投資に欠かせない、コアな部分については余すことなくお伝えしていきます。それなりに使いこなし、勝手がわかってきたら、自分に合ったポイ活スタイルを模索してみるといいでしょう。

そのほかの経済圏の紹介

また、楽天以外にも、0円投資に有効なグループごとに相性の良いポイントとクレカ、証券会社、ネット銀行を一覧にしてみましたので、ご参考にしていただければと思います。

現在のところ、楽天以外でポイントでより効率良く貯蓄できる金融機関は、SBI系でしょう。

今後は、徐々に台頭してきている他社グループの動きにも注目したいところではありますが、現状で0円投資に相性の良いポイント経済圏が形成されているのは楽天ポイントとSBI系のTポイントですので、本書では、この2つを中心にご紹介します。

今後さらに多種多様な0円投資可能な経済圏が生まれてくる可能性もありますが、現状では、随分勢力図が固まってきたといえます。

新興勢力やお手軽さだけがウリのサービスもありますが、規模でいえば物足りないものがほとんどで、生き残るのが難しくなってくるでしょう。むしろ、SBI系を中心とした、グループ間（LINE）や他グループ（三井住友FGなど）との提携戦略などが、今後は注目を集めていくと思われます。

■ 0円投資しやすい経済圏

経済圏	クレカ	証券会社	ポイント投資可能な商品	ポイント投資対応の非課税制度	ネット銀行
楽天（楽天ポイント）	楽天カード	楽天証券	株式・ETF 投資信託	NISA／つみたてNISA	楽天銀行
ＳＢＩ（Tポイント）	Yahoo! JAPANカード	ＳＢＩ証券	株式・ETF	NISA／つみたてNISA	住信ＳＢＩネット銀行
		ＳＢＩネオモバイル証券（ネオモバ、スマホ専用証券）	株式・ETF FX	—	
ドコモ（dポイント）	dカード	日興フロッギー	株式・ETF ※期間・用途限定ポイントも利用可	NISA	三井住友銀行
au（Pontaポイント）	au PAYカード	auカブコム証券	投資信託	NISA	auじぶん銀行
LINE（LINEポイント）	VISA LINE Payクレジットカード	LINE証券	株式・ETF 投資信託 FX	—	PayPay銀行

長く継続利用できる可能性の高そうな経済圏をある程度絞りながら、０円投資を実践していく必要がありそうです。

第3章

さっそく「0円投資」を実践してみよう

Point 1

0円投資はどうやってやるの？

0円投資はシミュレーションゲーム

「0円投資」とは、結果的に現金0円で投信（投資信託）や株式などの金融商品を購入できるノウハウです。**ポイントを使って投資できるサービスを活用したり、ポイントを現金に交換してネットバンク等に送金した分を投資の元手とします。**

一見複雑なゲームのようにも感じられるかもしれません。しかし、ポイントが付与されるルールを知り、それに従って日常生活の中で、キャシュレス決済（クレカ、コード決済など）を利用したポイ活を習慣化してしまえば、特に抵抗なく実践できるでしょう。

あまり細かくやりすぎても面倒くさくなるだけかと思いますので、日常生活の中で無理のない範囲内で、自分のペースで継続していくといいでしょう。

■元手実質0円で資産を増やせるしくみ

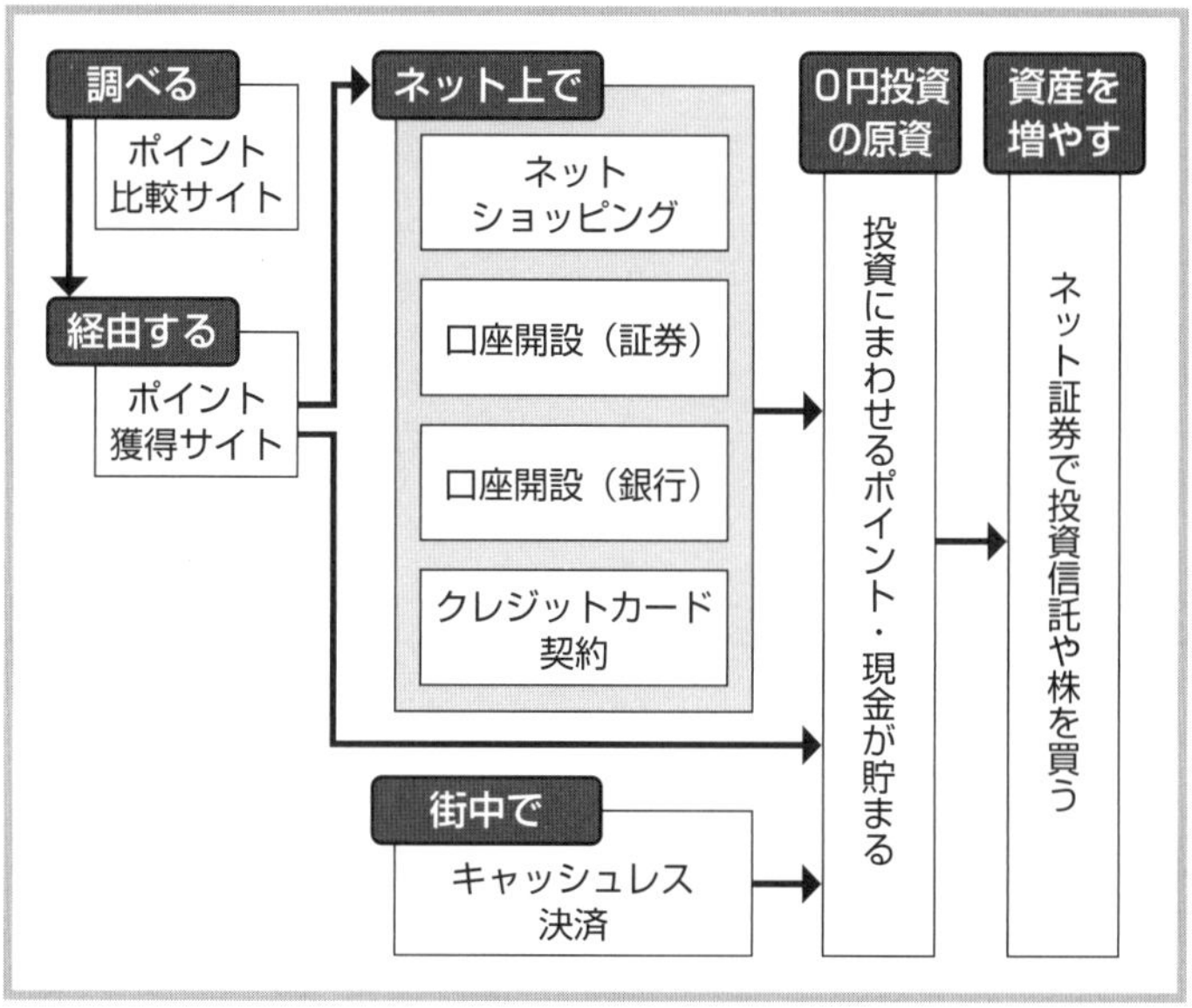

0円投資は、まさに「シミュレーションゲーム」のようなものです。

説明書に書いてあるようなルールに基づいて、限られた自己資源（ポイントや時間など）の中でなんとかやりくりします。さらに、それを適切に管理しながら投資して資産運用をしていくのです。

最初にちょっとしたルールとコツをつかんでしまえば、あとは楽チンです。

大切なのは「額」ではなく「率」です。 投資額や利益額を気にせず、投資効率や利益率を上げていく意識をもつことです。

0円投資の元手の集め方

0円投資の元手を集めるには、主に2つのアプローチがあります。

・ポイントで直接投資する
・ポイントを現金に交換し、ネットバンク等に送金した分を元手として投資する

それぞれの具体的方法については後ほど詳しく説明していきますが、元手0円から始められるうえに、シミュレーションゲームをプレイするようなレベルアップ感を得られることで、投資を継続しやすくなります。

さらに、そのコツコツ貯めた資産が少しずつ大きくなっていくことで、楽しさとともに、自分自身の知識・経験も大きくなっていくことでしょう。

そこで、まずはこの一連の流れの全体像をイメージしてみましょう。

レベル1事前体験：0円投資による資産運用のリアルなお試し体験

レベル2少額投資：積み立て資金を増やし、つみたてＮＩＳＡ（少額投資非課税制度）やＮＩＳＡを積極的に活用する
レベル3本格投資：個別の株式投資などをやってみる

本書では主にレベル1の事前体験がメインテーマになりますが、レベル2、3についても少しだけ触れていきます。

0円投資の流れ

それでは、0円投資の大まかな流れです。一般的なネットショッピングや、サービス契約などの一連の流れをすべて網羅した場合のフルバージョンをご紹介します。

❶**ポイント比較サイトで調べる**（より高いポイントを獲得できるサイトを探す）
❷**ポイント獲得サイト経由で利用する**（ポイント獲得サイト経由でショッピングサイトやサービス契約サイトを利用する）
❸**サービス利用**（キャッシュレスによるショッピング、各種サービス契約、口座開設などをする）

❹０円投資をする（ネット証券などで金融商品を買う）

筆者はこのしくみを０円投資開始当初より実践していましたので、ネットショッピング等での支出額の割には、より多くの資産を貯めることができています。ちゃんと０円投資をやってみたい方は、ぜひ参考にしていただければと思います。

Point 2

ステップ別の代表的コンテンツ

0円投資の各ステップの詳細

それでは、前述した流れをステップごとに細かくみていきましょう。

❶ポイント比較サイトで調べる

（より高いポイントを獲得できるサイトを探す）

ポイントを獲得できるサイトはたくさんあります。そのため、**どこでどんなポイントを獲得できるのかがわかる「ポイント比較サイト」**で調べてから、**「ポイント獲得サイト」を利用すると、獲得ポイントを効率よく増やすことができます。**

ポイントは、ネットショッピングのほかにも、クレジットカードの契約、金融機関

■「どこ得？」の検索結果

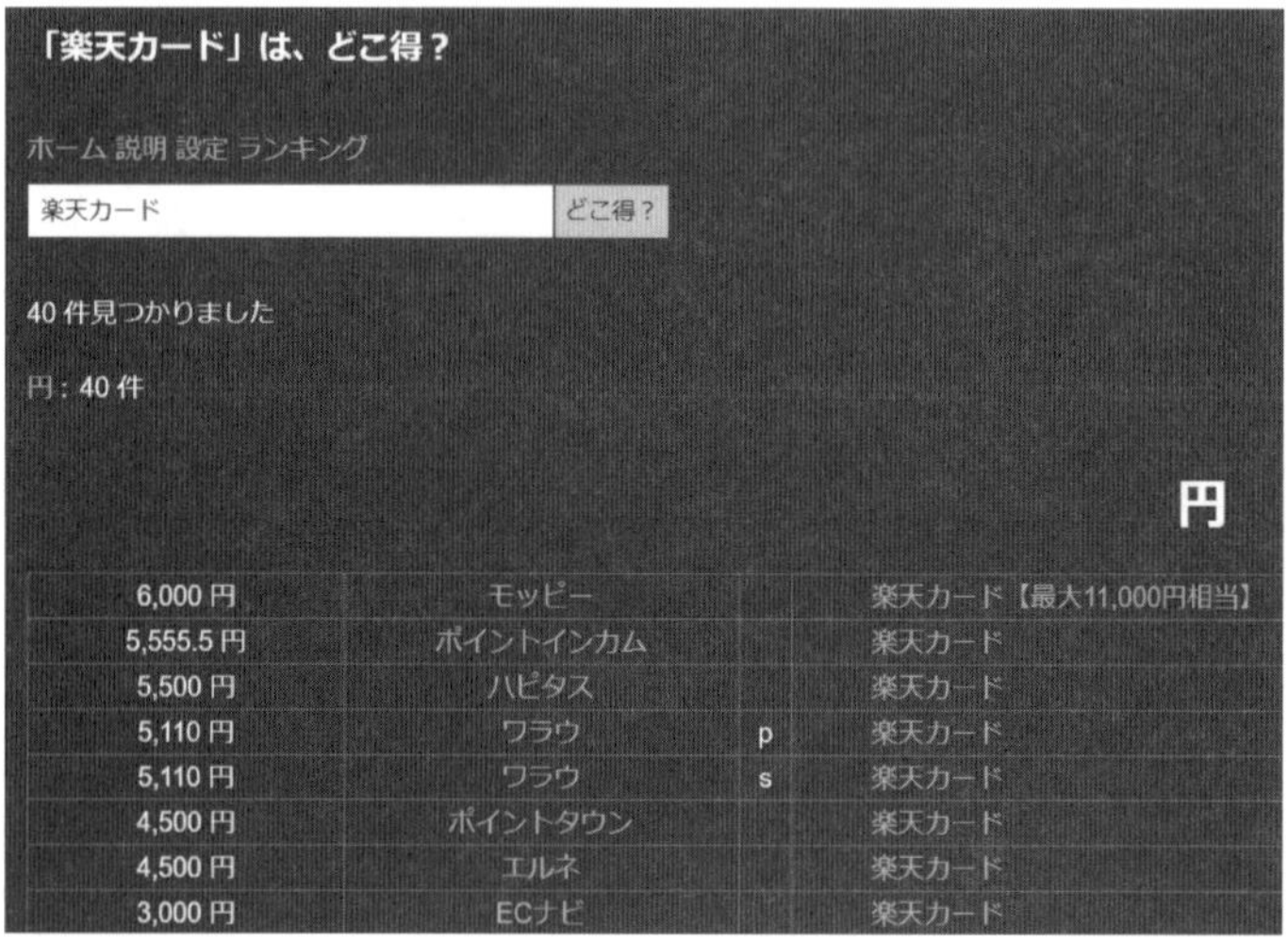

の口座開設の際はもちろん、ファッションの通販などでも獲得できます。ポイント比較サイトでは、そのような際、どこのポイント獲得サイトが有利なのかをランキング形式で調べられます。

ランキングには各ポイント獲得サイトのリンクが張ってありますが、このリンクはあえて使用せず、別途ハピタスやモッピーなどのウェブサイトを立ち上げて利用します。代表的なポイント比較サイトとして、**「どこ得？」「ポイント獲得ナビ」**があります。

各サイトの検索窓に、例えば上の画像のように「楽天カード」などと入力すると、各ポイント獲得サイトの付与

■「ポイント獲得ナビ」の検索結果

楽天カード【発行】のポイントサイト案件比較ランキング

年会費永年無料

楽天カード新規入会＆利用で

出典：ハピタス

過去90日の最大ポイント数 11,000円相当

(2021.03.21)

条件：カード発行

| サイト別比較 | ポイント推移グラフ | 免責事項 |

順位	ポイント数	サイト名	案件名	サイトリンク
👑	6,000円	モッピー	楽天カード【最大11,000円相当】	サイトへ行く
👑	5,555円	ポイントインカム	楽天カード	サイトへ行く
👑	5,500円	ハピタス	楽天カード	サイトへ行く
👑	4,500円	PointTown	楽天カード	サイトへ行く
👑	1,500円	Gendama	楽天カード	サイトへ行く

■獲得できるポイントの推移

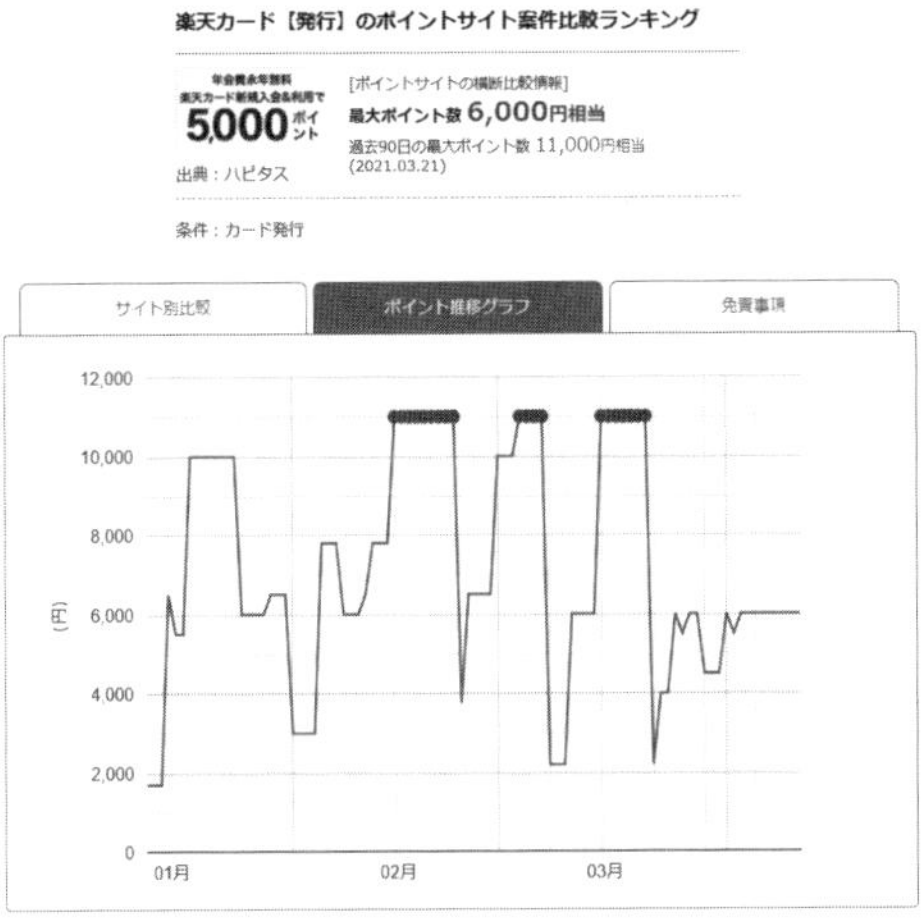

楽天カード【発行】のポイントサイト案件比較ランキング

年会費永年無料

楽天カード新規入会＆利用で

出典：ハピタス

過去90日の最大ポイント数 11,000円相当

(2021.03.21)

条件：カード発行

| サイト別比較 | ポイント推移グラフ | 免責事項 |

ポイント数をランキングで調べることができます。

これで、楽天カードはどこのポイント獲得サイトで作るのがお得なのか、比較検討できるわけです。

なお、「ポイント獲得ナビ」については、会員登録をしてからポイント比較をすると、過去3カ月間の「ポイント推移グラフ」を確認できます（会員登録をしなくても過去1カ月分は確認できます）。

現在獲得できるポイントが、以前と比較してお得なのかどうなのかが、一目でわかるようになっています（前ページ画像参照）。

❷ポイント獲得サイト経由で利用する

（ポイント獲得サイト経由でショッピングサイトやサービス契約サイトを利用する）

ポイント獲得サイトとは、このサイトを経由してサービスを利用すると、サービス本体のキャンペーン以外に、ポイント獲得サイトでも別途ポイントが付与されるお得なコンテンツです。

ポイント獲得サイトは成功報酬型の広告です。しくみとしては、テレビCMといった既存の広告と同じように考えていただくとわかりやすいです（次ページ図参照）。

■ポイント獲得サイトはテレビ広告に似ている

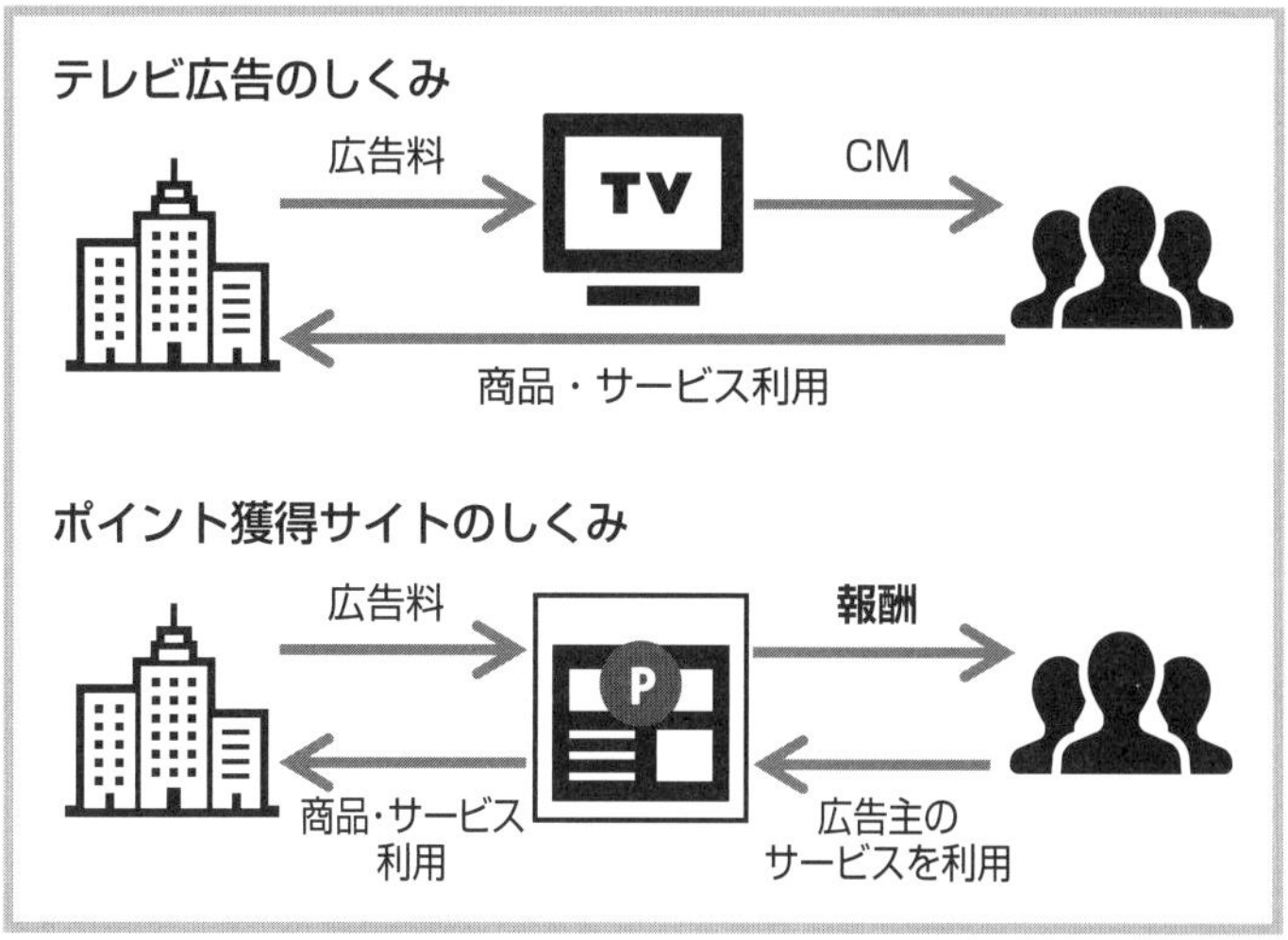

一般的に、テレビCMは不特定多数に向けて発信していますが、CMそのものが商品やサービス利用につながるかどうか、直接的な効果は見えにくくなっています。

ポイント獲得サイトの場合は、サイト経由でその企業の商品やサービスを利用したり広告をチェックすることで、広告主である企業からポイント獲得サイトへ広告料が支払われます。その広告料の一部が、ポイント獲得サイトを経由した利用者・ユーザーに還元されるしくみです。

還元率はポイントサイトやそのサービスなどによって異なりますが、ポイント獲得サイトの報酬が、結果的に0円投資の原資となります。ポイント獲得サイトのポイントがある程度貯まると、楽天ポイントなどの別のポイントや、直接現金と交換することが可能になるからです。

同様のしくみは以前より、アフィリエイト業界における「自己アフィリ」として活用されてきました。特にFXや不動産、生命保険などの口座獲得、セミナーや個別相談の参加者へのアプローチには、ポイント獲得サイトが活用されていました。この方法を活用するだけで、10万円分以上のポイントを獲得する人も珍しくはありません。

本書の読者の皆さまには、ポイント獲得サイトを上手に利用して、よりラクに、楽しみながら0円投資の資金を獲得してほしいと思っています。

■ポイント獲得サイトのハピタスとモッピー

ハピタス

モッピー

代表的なポイント獲得サイトは、**「ハピタス」**と**「モッピー」**です。直近の話題としては、モッピーの運営会社である株式会社セレスは、コロナショックの2020年3月に株価541円だった株価が、2021年3月5260円まで、約10倍にも上昇しています。

ハピタスは最低300円分から換金可能なため、継続的にポイントを現金化するのに向いています。一方でクレカ契約などによる付与ポイントが高額な案件だと、モッピーのほうが優位なケースが多い傾向にありますが、最近はほとんど差はなくなってきています。

ポイ活をしくみ化している方々の間では、両サイトともよく使われていますので、両方登録しておくと便利でしょう。

❸サービス利用

（キャッシュレスによるショッピング、サービス契約、口座開設などをする）

ここで紹介した、ハピタスやモッピー経由で、例えば楽天カードの作成を契約するとしましょう。その場合、獲得できるポイントは次のようになります。2021年4

■ポイント獲得サイトを経由するともらえるポイントがアップする

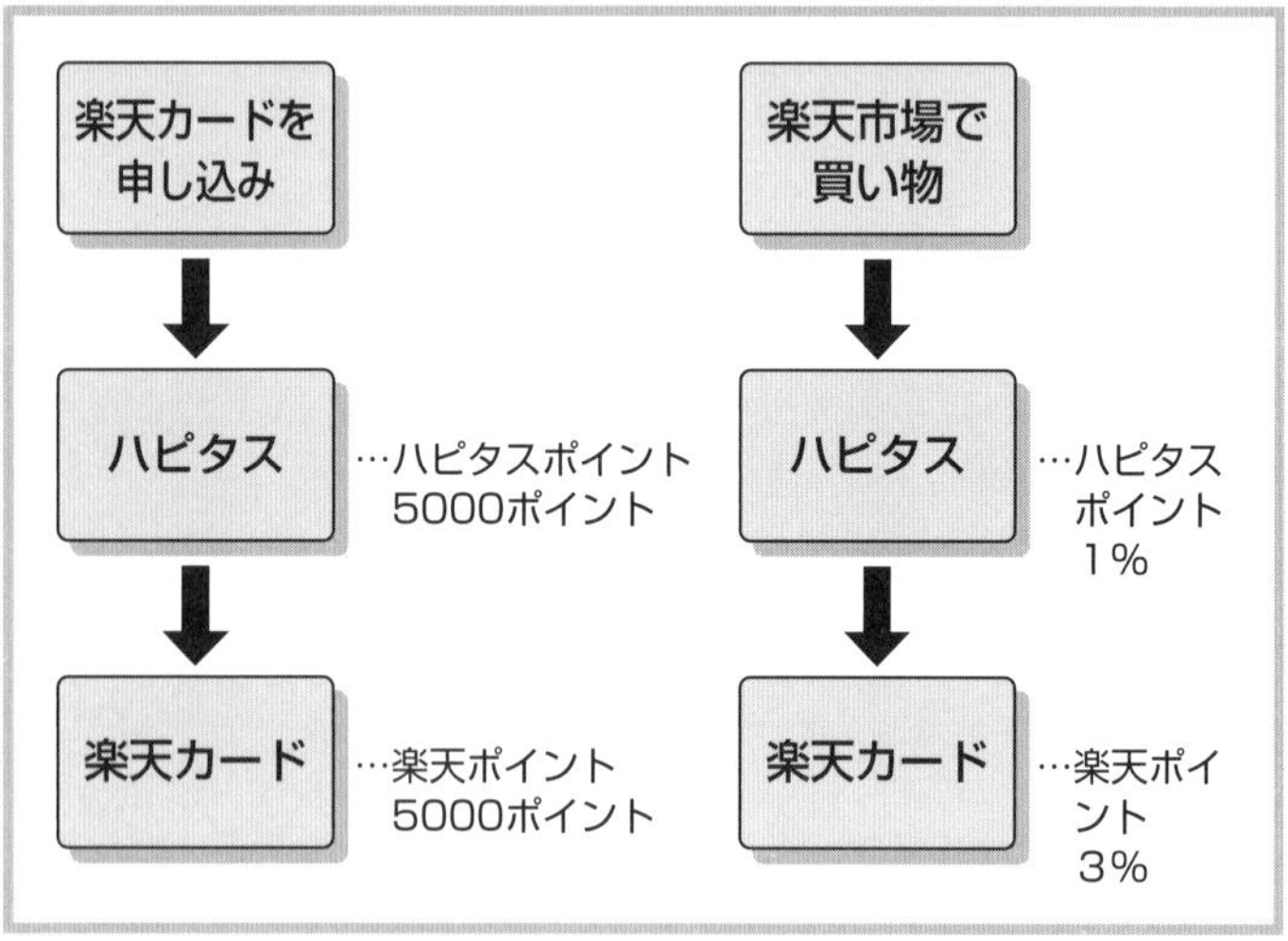

月時点での事例を取り上げてみましょう。

（ⅰ）**ハピタス経由で楽天カードを申込み**：ハピタスで5000ポイント獲得

※クリックしてから24時間以内に申し込む必要があります。新規カードが発行され、お手元にカードが到着していることなど、所定の条件がありますので、「ポイント付与条件」は事前に確認してください。

（ⅱ）**楽天カードを契約**：楽天カード本体のキャンペーンで

5000ポイント獲得。

※楽天カード側のキャンペーンの新規入会特典として、通常ポイント2000ポイントが付与されます。さらに、カードを初めて利用した際の特典として、期間限定ポイント3000ポイントが付与されます。対象期間にカードショッピングを1回以上利用、口座振替設定期限までに口座振替設定がされているなど所定の条件がありますので、やはり「ポイント付与条件」は事前に確認してください。

（iii）**ハピタス経由で楽天市場で買い物**：ハピタスで買い物代金の1％のポイント付与

（iv）**楽天市場の買い物を楽天カードで決済**：楽天カード本体のSPU（ポイント倍付けキャンペーン）で3％のポイント付与

つまり**ポイント獲得サイトの存在を知っていれば、それを活用するだけで、より多くのポイントが獲得できるのです。**

必要なサービスの契約やショッピングをする場合は、0円投資のために積極的にポ

■ハピタスから楽天ポイント投資への流れの例

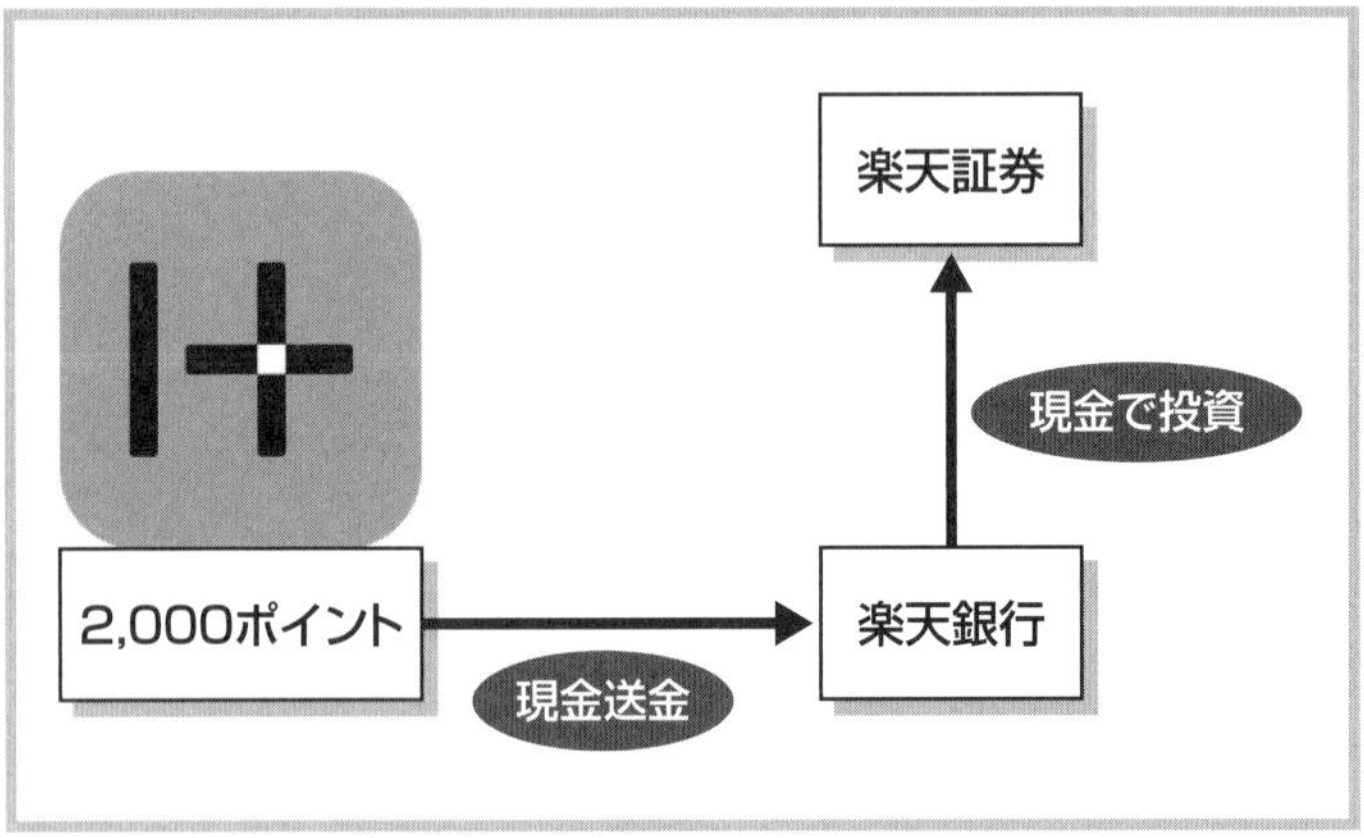

■モッピーからＴポイント投資への流れの例

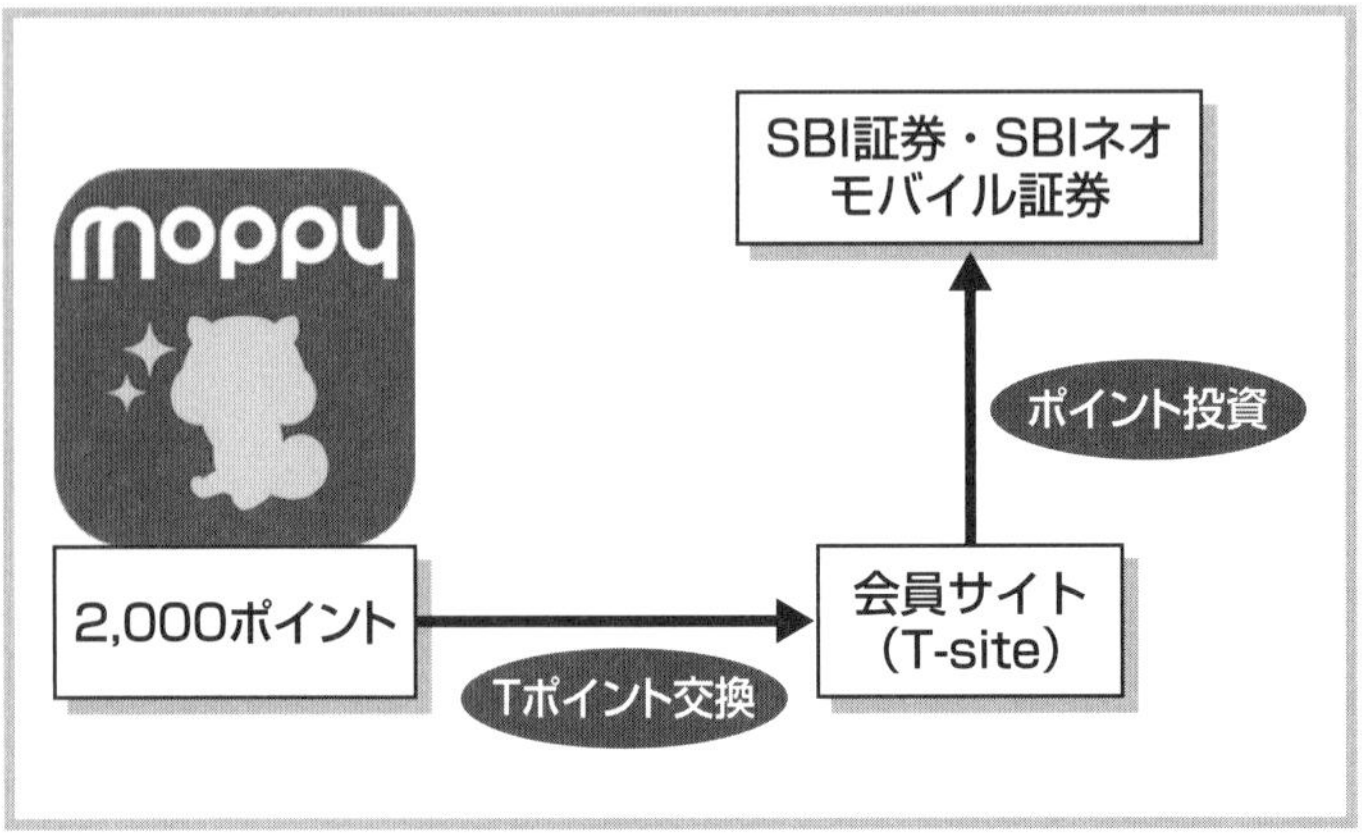

イント獲得サイトを活用しましょう。

❹0円投資をする
（ネット証券などで金融商品を買う）

例えば前述の流れで楽天カードを契約すると、もらえる5000ポイントのうち、0円投資にまわせる楽天「通常ポイント」が2000ポイント、投資にまわせない「期間限定ポイント」が3000ポイント獲得できます。

この「通常ポイント」2000ポイントで、楽天証券において投信や株などを購入することができます。

また、ハピタスで獲得した5000ポイントについては、なんと「楽天銀行」に5000円分の現金として、手数料ゼロで送金することができます（2021年4月時点）。これを投信などの購入代金にあてることで、0円投資ができてしまうのです。

なお、モッピーの場合は活用できるポイントは「Tポイント」がメインになります。Tポイントはモッピーから交換すると、会員サイト（T-SITE）内にTポイント

■ポイント獲得サイトリスト

ポイント獲得サイト	ハピタス	モッピー	ドットマネー
1Pあたりの価値	1円	1円	1円
主要交換先	現金	Tポイント	現金、Tポイント
最安交換手数料	無料	無料	無料
オススメの交換先	銀行振込 300P＝300円 ドットマネー 300P＝300マネー dポイント 300P＝300P	Tポイント 500P＝500P ドットマネー 500P＝500マネー dポイント 500P＝500P	J-Coin Pay（みずほ銀行） 300マネー＝300円 銀行振込 1000マネー＝1000円 住信SBIネット銀行 2000マネー＝2000円 dポイント 300マネー＝300P Tポイント 1000マネー＝1000P
有効期限	最後のログインから12カ月間ログインがない場合、アカウント自体が失効し、ポイントも使用不可	最後にポイント獲得した日から180日が経過した場合	6カ月後月末 ポイント交換で貯めた場合 翌月月末 アプリ・アメブロで貯めた場合
あんしん保証	あり	—	—
交換予定最大期間	交換申請の翌日から3営業日以内	リアルタイム	7営業日以内
備考	低コスト・低額で銀行に送金できる 楽天グループと相性が良い 楽天証券をメインに活用した「0円投資」であれば、最もラクに継続できる	高額案件に強めで、案件数も多め Tポイントはウエル活（毎月20日に開催している、ウエルシアのお客様感謝デーを活用したもの）で、200ポイント以上のTポイントを1.5倍の価値で利用可能なので、場合によっては生活費で使ったほうが良いケースも	送金額のハードルが高め どちらかというと「ポイント交換サイト」という位置づけ 他ポイ活サイトでも多数連携している
運営会社	株式会社オズビジョン	株式会社セレス	株式会社サイバーエージェント
登録QRコード			

が貯まります。その貯まったTポイントでSBI証券・SBIネオモバイル証券（スマホ専用証券）にて、0円投資ができるようになります。

ほかにも、ポイント交換サイトで、マイルを貯めている方に人気の「ドットマネー」を活用する方法もあります。ポイント獲得サイトごとに最低交換金額など諸条件が異なりますので、前ページの表を参考にしてください。

ドットマネーは、みずほ銀行系のスマホ送金・決済アプリ「J-Coin Pay」と300円からポイントの交換が可能で、換金しやすくなっています。今後はメガバンク系の送金・決済アプリも注目です。

いかがでしょうか。知っているか知っていないか、活用するかしないかで、かなり大きな損得の差が生じることが、おわかりいただけましたでしょうか。

さて、次ページからは、現時点で0円投資と最も相性が良く、より効率的に資産形成しやすいポイントとして、楽天ポイントと、Tポイント（SBI・ヤフー）について、詳しくご紹介していきます。

Point 3

楽天会員になるメリット

証券部門で高い評価を受けている楽天証券

楽天ポイントで投資を行うには、楽天証券と楽天銀行の口座を開設する必要があります。50年以上、世界中の多くの業界で「顧客の声」を収集および分析してきた、世界的な調査機関「J・D・パワー」によれば、楽天証券に対する顧客の評価は高く、2019年のネット証券部門、顧客満足度では1位になりました。

また、楽天銀行の総合口座数の66・5%が楽天グループ経由の口座開設となっており、楽天証券とともに、楽天全体のサービス向上に貢献しています（「2020年第3四半期決算短信・説明会資料」）。

楽天経済圏を活用するには、まずは楽天会員になる必要があります。楽天市場での

■楽天会員とは？

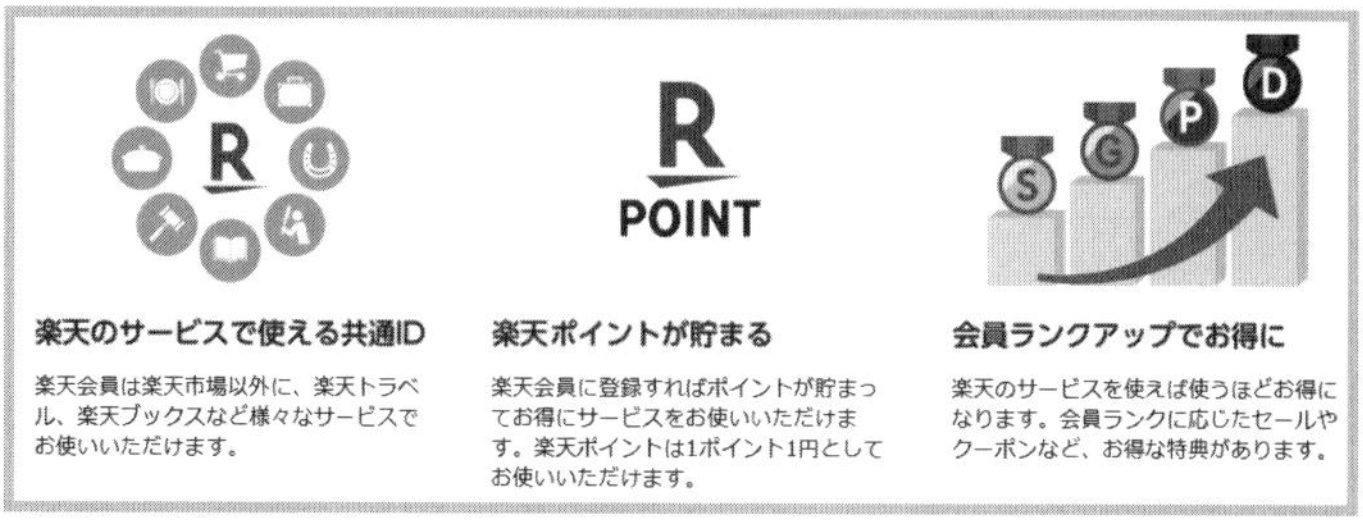
R
R
POINT
S
G
P
D
楽天のサービスで使える共通ID
楽天会員は楽天市場以外に、楽天トラベル、楽天ブックスなど様々なサービスでお使いいただけます。
楽天ポイントが貯まる
楽天会員に登録すればポイントが貯まってお得にサービスをお使いいただけます。楽天ポイントは1ポイント1円としてお使いいただけます。
会員ランクアップでお得に
楽天のサービスを使えば使うほどお得になります。会員ランクに応じたセールやクーポンなど、お得な特典があります。

出典：楽天会員登録ページ

ネットショッピングしか利用したことがない方でも、その際にメールアドレスを登録し、楽天ＩＤを設定しているはずです。この手続きをしていれば、すでに楽天会員になっています。

楽天市場でネットショッピングをしたことのない方であっても、ＱＲコード決済の「楽天ペイ」なら使ったことがあるという方であれば同様です。もちろん年会費や利用料はかからず、無料になります。

まずは楽天会員になろう

このように、**ネットショッピングに限らず、街中の消費シーンにも、楽天グループは浸透してきています。**

どちらにしても、楽天のサービスをどんどん活用していくと、ポイントをザクザク貯めることが可能になっています。

■ポイントがザクザク貯まるしくみ

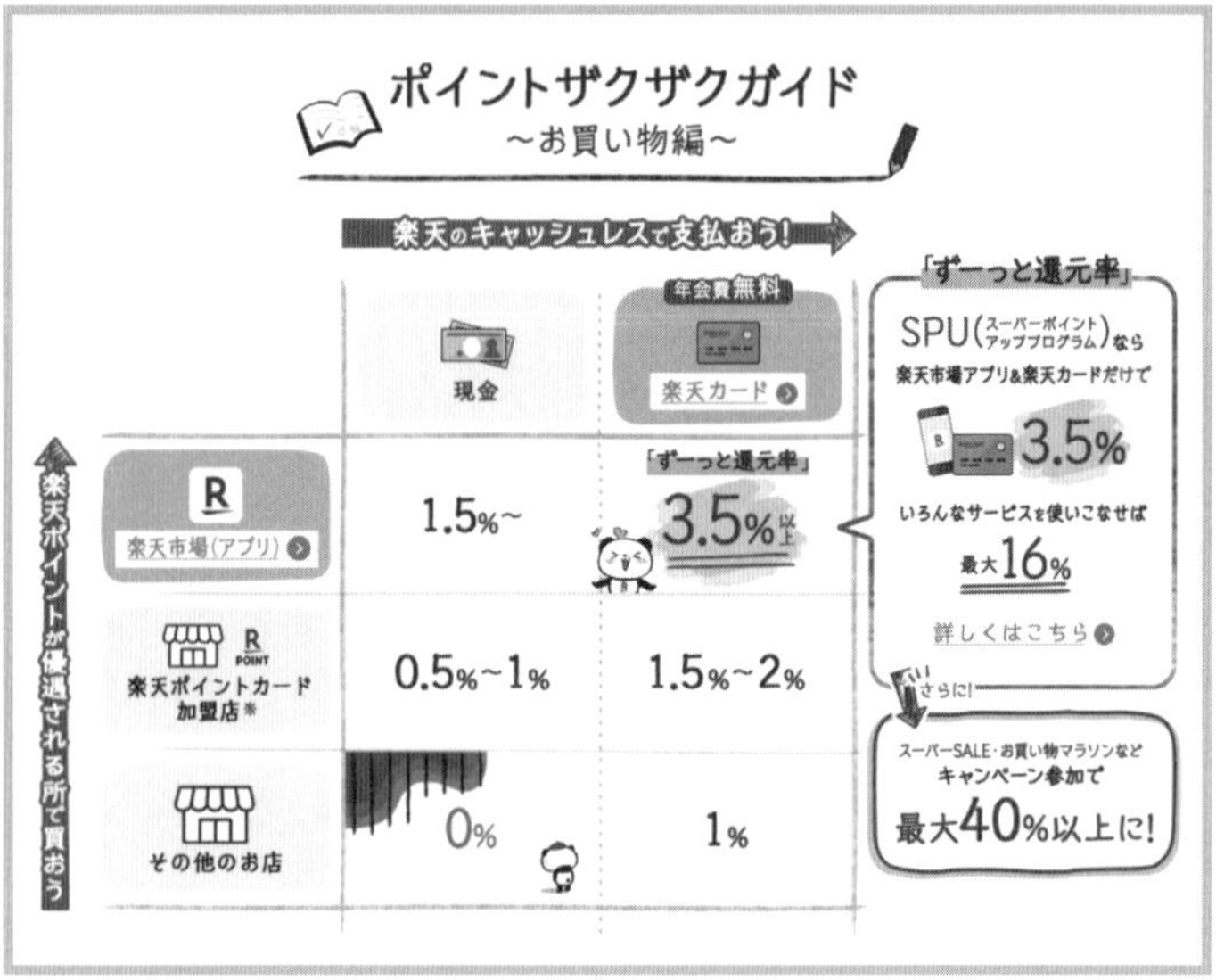

出典：楽天ポイントお楽しみ図鑑

なお、スマホアプリをメインでネットショッピングされている方も多いかと思いますが、パソコン経由で楽天市場を利用するより、アプリから利用したほうが、ポイント付与率が0・5%アップするしくみにもなっています。

いまのところ、楽天グループのサービスを活用すると、ポイントが「ザクザク貯まる」というのは、ほかのポイントサービスと比べても間違いないでしょう。

また、後述のSBIグループの0円投資でも、ヤフーショッピングによるTポイント獲得という構造が、楽天グループと類似のしくみとなっています。

本書では、経済圏の中でポイ活をし、0円投資につなげる実践法として、まずは一番わかりやすい楽天経済圏の例を、「楽天ポイント」のしくみとともにご紹介します。

Point 4

「楽天ポイント」のしくみ

各サービスの利用でポイントが付与される

ほとんどの方は、何か商品を購入したり、サービスを利用したことによって、ポイントカードのスタンプが貯まったり、電子ポイントを付与されたという経験があるかと思います。

ポイント付与率は、サービスごと・キャンペーンごとに差はありますが、楽天ポイントも基本的に同じしくみになっています。

まず、楽天会員が楽天市場で１００円の買い物をしたとしましょう。１商品ごとに１００円に対して、１ポイント＝１円分が付与されますので、１００円だと1ポイント獲得です。さらに、この決済を楽天カードにすると、基本となる1ポイントからさらにプラス2倍になります。つまり、これだけで合計3ポイント（３％）獲得です。

■ポイント倍率の考え方について

例1 1倍の場合

1,980円(税込)の商品を購入 × 通常ポイント(1倍) 1,980×1%=19.8 **1倍** ＝ 19ポイントを付与

例2 0.5倍の場合

1,980円(税込)の商品を購入 × 通常ポイント(1倍) 1,980×1%=19.8 **1倍** × 0.5倍の計算 19×0.5=9.5 **0.5倍**

＝ 9ポイントを付与

※「+1倍」の場合、「100円=1ポイント」を付与します。
※「+0.5倍」の場合、「200円=1ポイント」を付与します。
※小数点以下は切り捨てとし、計算します。

楽天市場「ポイント倍率の考え方について」を基に作成

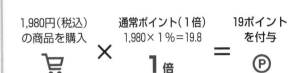

このシステムのすごいところは、**ポイント利用分は関係なく、商品の購入額に応じて通常ポイントが付与されるところです。**

つまり、1000円の買い物をした際に500円分のポイントを使ったとしても、1000円分の購入額に対して通常ポイントが付与されるのです。ポイント利用分以外の現金払いやカード払い分に対してのみポイントが付与されるわけではないので、ポイントを気軽に使える、利用者にとっては嬉しい優遇制度です。

なお、楽天カードを使って街中のお店で買い物をした際には、ポイントの還元率は通常1％です。年会費無料のクレカは還元率が0・5％のものが一般的ですので、これだけでも十分、魅力的です。

「通常ポイント」と「期間限定ポイント」

前にも何度か述べましたが、楽天ポイントには2種類あります。投資にまわせる**「通常ポイント」**と、買い物の値引きや送金手数料、楽天ペイでの支払いなどに利用できる**「期間限定ポイント」**です。ポイント残高は、ウェブサイトかアプリの**「楽天ポイ**

■通常ポイントと期間限定ポイントの違い

	通常ポイント	期間限定ポイント
特徴	楽天経済圏内の対象サービスで利用できる	有効期限や利用先が限定されている
使い方	そのまま「0円投資」の元手にできる	ネットショッピングや楽天ペイの支払いに充当できる
	※期間限定ポイントは、有効期限の短いものから、優先的・自動的に利用される	
有効期限	最終利用月を含めた1年間	キャンペーンごとに異なる
残高確認方法	「楽天ポイントクラブ」の「ポイント実績」にて確認ができる	

ントクラブ」で確認できます。

それぞれのポイントの特徴は次の通りになります。

■通常ポイント

楽天会員に登録し、楽天の各サービスを利用すると、利用額に応じて原則1%（100円で1ポイント）のポイントが付与されます。

ポイントの有効期限は、1年間です（ポイントが付与された月の翌年同月の前月末日まで有効です）。

ただし、期限までに新たにポイントを獲得すれば有効期限が切れることはありません。

例外的に、ハピタスやモッピーなどのポイント獲得サイトで交換できる楽天ポイントは、この通常ポイントにはなりますが、投資にま

■ポイントの有効期限について

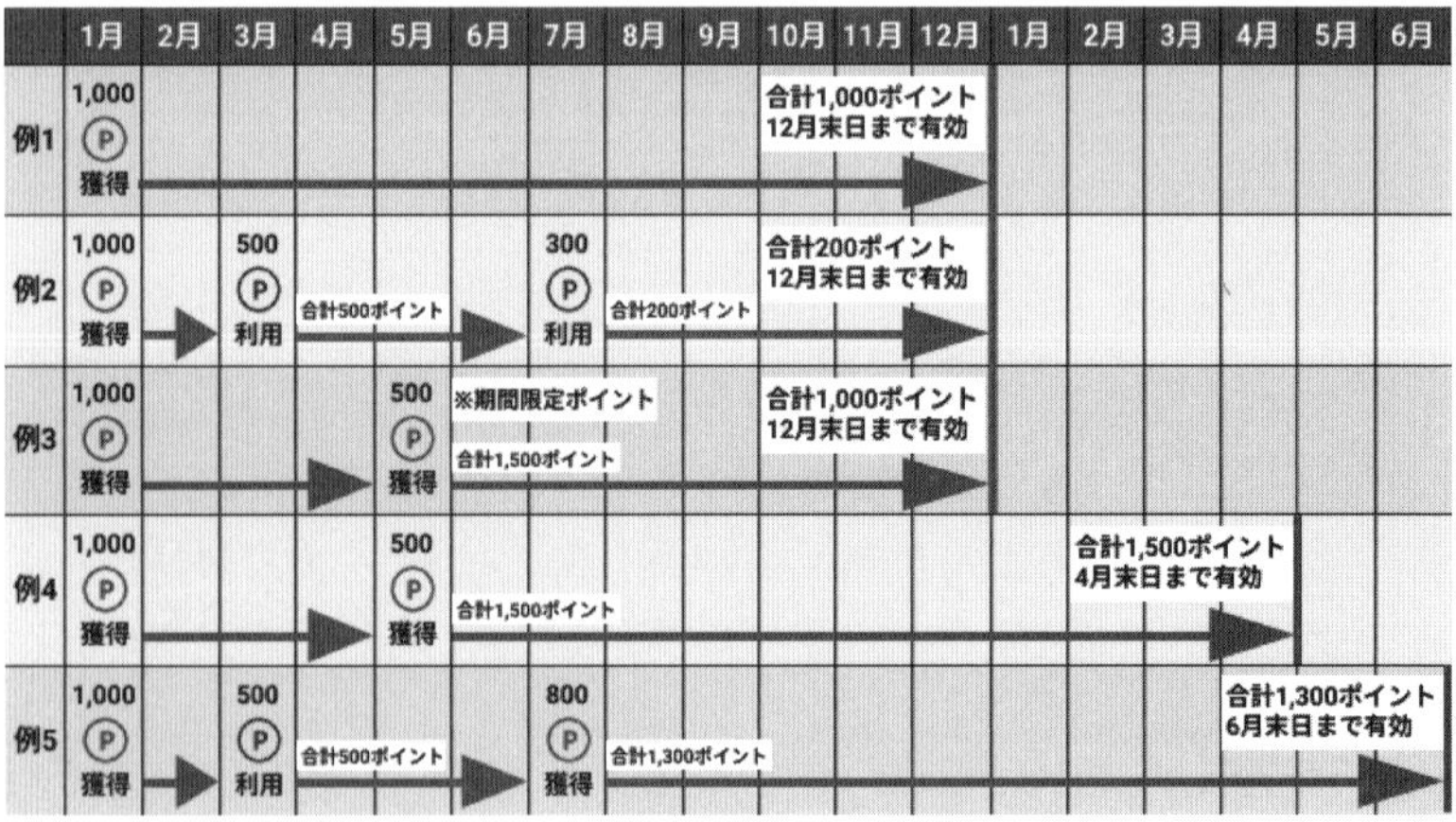

※最後にポイントを獲得した月を含めた１年間です。
※期間内に１度でもポイントを獲得すれば、有効期限は延長されます。
※期間限定ポイントの獲得は期限延長の対象とはなりません。

出典：楽天市場「ポイントの有効期限について」

わすことはできません。ハピタスやモッピーのポイントを楽天銀行に送金せずに、楽天ポイントに交換する場合はご留意ください。

■期間限定ポイント

期間限定ポイントとは、通常のポイントとは異なり、1カ月〜数カ月といった単位での「有効期間」が限定されているポイントです。

特定のキャンペーンなどで付与され、それぞれ固有の有効期限が設定されており、有効期限を過ぎると自動的に失効します。

複数の期間限定ポイントを保有している場合は、有効期限の近い期間限定ポイントから優先して使われます。

なお、期間限定ポイントは、楽天証券や、電子マネーである楽天Ｅｄｙなどの提携サービスへのポイント交換には利用できません。

期間限定ポイントの賢い使い方

０円投資では、通常ポイントは楽天証券を通じて必ず投資にまわすようにしますが、投資にまわせず有効期限のある期間限定ポイントの使い道には、ちょっとしたコツがいります。

例えば個人事業主の方の場合、経費で落とせる買い物については、クレカやクレカに紐づけた楽天ペイなどで支払います。

それに対して、経費にならない日用品等の買い物については、期間限定ポイントを優先的に使うようにします。

例えば筆者の場合であれば、経費化できないコンタクトレンズを定期的に買っています。コンタクトレンズは眼科で買うよりも、同じものを楽天市場で買うほうが圧倒的に安価になっています。

このような、**無駄づかいにつながらない、必要不可欠な買い物については、期間限定ポイントでネットショッピングすると、ポイントを有効活用できます。**

つまり、日常の買い物で期間限定ポイントを消費し、生活費を少なくしていくのです。そうすれば、そこで浮いた分のお金を、さらに投資にまわすことができます。

Point 5

楽天ポイントのラクラク獲得パターン例

楽天SPUを最大限活用する

日常的に、楽天ポイントの付与サービスで最も強力なのが**SPU（スーパーポイントアッププログラム）**です。これは、**楽天グループ内の指定された各サービスを使えば使うほど、楽天市場での買い物に対するポイント付与倍率が上がり、主に期間限定ポイントを最大15・5倍（2021年4月時点）まで獲得することが可能になるものです。**なお、SBI系でも、ヤフーショッピングなどで類似のシステムが存在しています。

楽天市場のほか、楽天ブックス、楽天モバイル、楽天証券、楽天銀行、楽天トラベルなど、楽天経済圏（エコシステム）を愛用するヘビーユーザーであればあるほど、より多くの期間限定ポイントを獲得することができます。

■楽天スーパーポイントアッププログラム（SPU）の具体例

サービス	倍率	
楽天カードを使って楽天市場で買い物	＋2倍	0円投資の設定をするだけで＋4倍
楽天カード利用代金を楽天銀行口座から引落	＋1倍	
楽天証券で楽天ポイントコースの設定をし、1回の注文につき、最低1ポイント以上を使って、500円分以上のポイント投資で投資信託を買う	＋1倍	
楽天モバイル	＋1倍	
楽天保険でカード払い	＋1倍	
楽天市場アプリで買い物	＋0.5倍	
楽天ブックス（紙書籍）	＋0.5倍	
楽天kobo（電子書籍）	＋0.5倍	

ほかのサービスも使うとさらに倍率アップ（この場合だと＋7.5倍）

ポイントの世界では、このような自社のサービスの利用度合いによってランク付けがされているケースがほとんどですから、どの経済圏を中心にしてポイントを貯めるかを決めていくのは、ひとつの楽しみでもあります。

例えば、楽天会員が楽天市場で100円の買い物をすると、通常ポイント1%が付与されます。さらに決済を楽天カードで行うと、前述の通り、期間限定ポイントが2倍（2%）、追加付与されます。これで合計3%のポイント付与になるわけです。

月間で獲得できるポイントにはそれぞれ上限が設定されていますが、これが**楽天経済圏の大きな特徴の、ポイン**

トの倍付けシステムです。特に最近では、楽天モバイルのキャンペーンが大きな話題となりました。楽天モバイル契約者は、それだけでSPUがプラス1倍となります。

SPUの計算期間に注意する

この倍付けシステムは1カ月単位を計算期間としていったん清算され、翌計算期間には引き継げないようになっています。

例えば、ある月の10日に楽天トラベルを利用したとすると、その月については、それ以前に楽天市場で利用した分についても含めて、SPUがプラス1倍となります。しかし、翌月になると、楽天トラベルのサービス利用分のポイントアップはリセットされ、適用されなくなります。

楽天Rebatesを利用する

また、ポイント獲得の別方法として、ハピタスやモッピーと同様の、ポイント獲得サイトに相当する「**楽天Rebates**（リーベイツ）」を利用する方法もあります。

これは、楽天グループ内で実施しているポイント獲得サイトで、ここを経由してブランド公式ストアなどで買い物をすれば、楽天ポイントが貯まります。

値段が変わらないのであれば、各社を比べて、より獲得ポイントを多く獲得できる方法を探して利用するようにしましょう。

✓そのほか、知っておきたい楽天のポイントアップキャンペーン

楽天市場では、SPUのほかにも、さまざまなポイントアップキャンペーンを行っています。ここでは、現時点でポイントが貯まりやすいいくつかのキャンペーンを紹介します。

なお、基本的にエントリーが必要ですので、キャンペーンがある場合は、エントリーの画面をクリックすることを忘れないでください。

■毎月1日のワンダフルデー

全ショップ対象で、期間中の購入金額の合計が3000円（税込）以上の買い物をすると、ポイントがプラス2倍になります。

■毎月5と0のつく日

この日に楽天カードを利用して楽天市場で買い物をすると、ポイントがプラス2倍

になります。

■「いちばの日」の楽天市場ご愛顧感謝デー

毎月18日は、楽天市場での買い物に対して、会員ランキングに応じてポイントが最大プラス3倍まで付与されます。

■楽天イーグルス・ヴィッセル神戸・FCバルセロナが勝った翌日

どれか一つのチームが勝った翌日には全ショップポイントプラス1倍・ダブル勝利でプラス2倍・トリプル勝利でプラス3倍となります。

■お買い物マラソン

年に数回開催される楽天市場内のキャンペーンです。期間内に楽天市場内のショップを買いまわると、その回数に応じて付与されるポイントが最大10倍まで増えていきます。

Point 6

ポイ活コンテンツを押さえる

ポイント付与のタイミング

楽天経済圏は一見するとややこしいしくみになっていますが、実際に0円投資をしていただく際はあまり細かいことを気にする必要はありません。

ただし念のため、各利用方法別のSPUのポイント付与タイミングについて簡単にご紹介いたします。

楽天市場で楽天カードを用いて買い物をした場合、通常ポイントが1ポイントと、楽天カード利用分の期間限定ポイントが2ポイント分付与されることは前にも述べました。そのうち、通常ポイントと期間限定ポイントのそれぞれ1ポイント、合計2ポイントは、買い物をしたと承認された翌日にポイントが付与されます。

一方で、期間限定ポイントの残りの1ポイントについては、買い物をした月の翌月

■期間限定ポイント付与のタイミング

通常ポイントと同じタイミングで付与

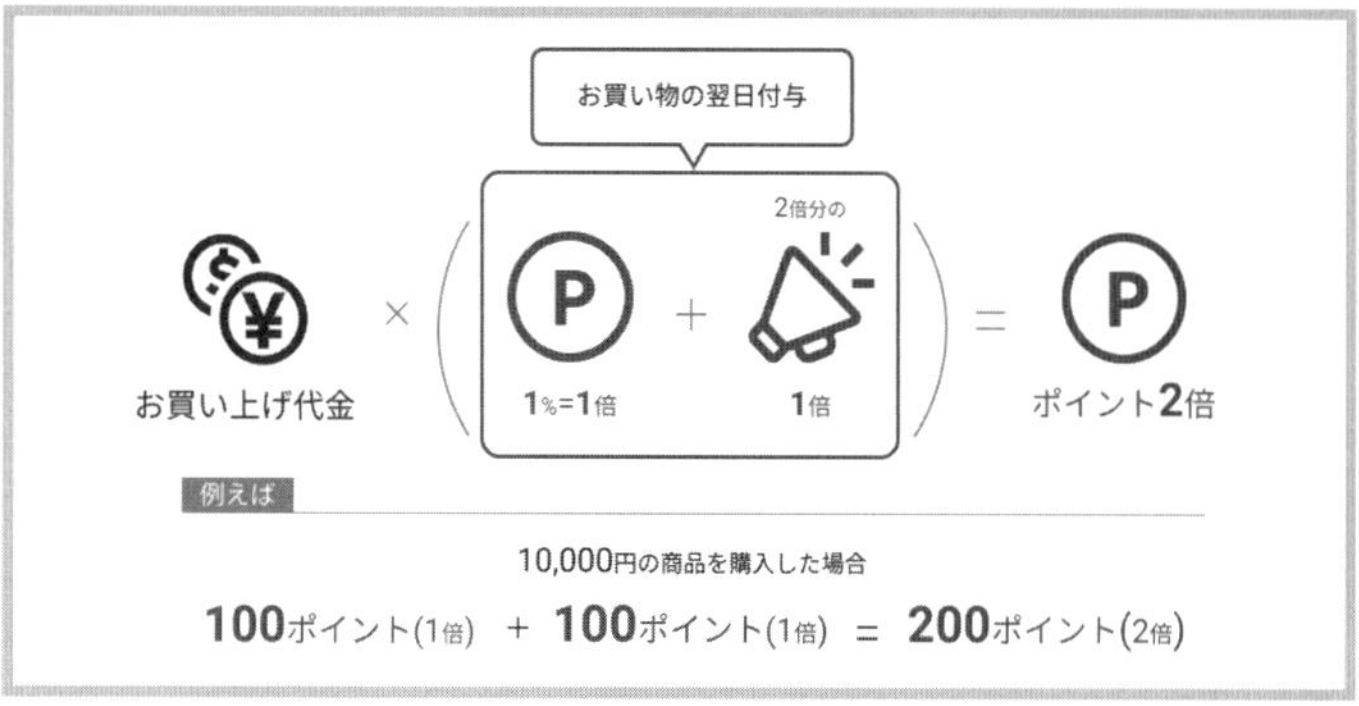

※各ショップ個別のポイントアップによるポイントは、通常購入1倍分とともに、買い物の翌日に「獲得予定ポイント」状態となり、20日後に「利用可能ポイント(または総保有ポイント)」に反映されます。

通常ポイントと別タイミングで後日付与

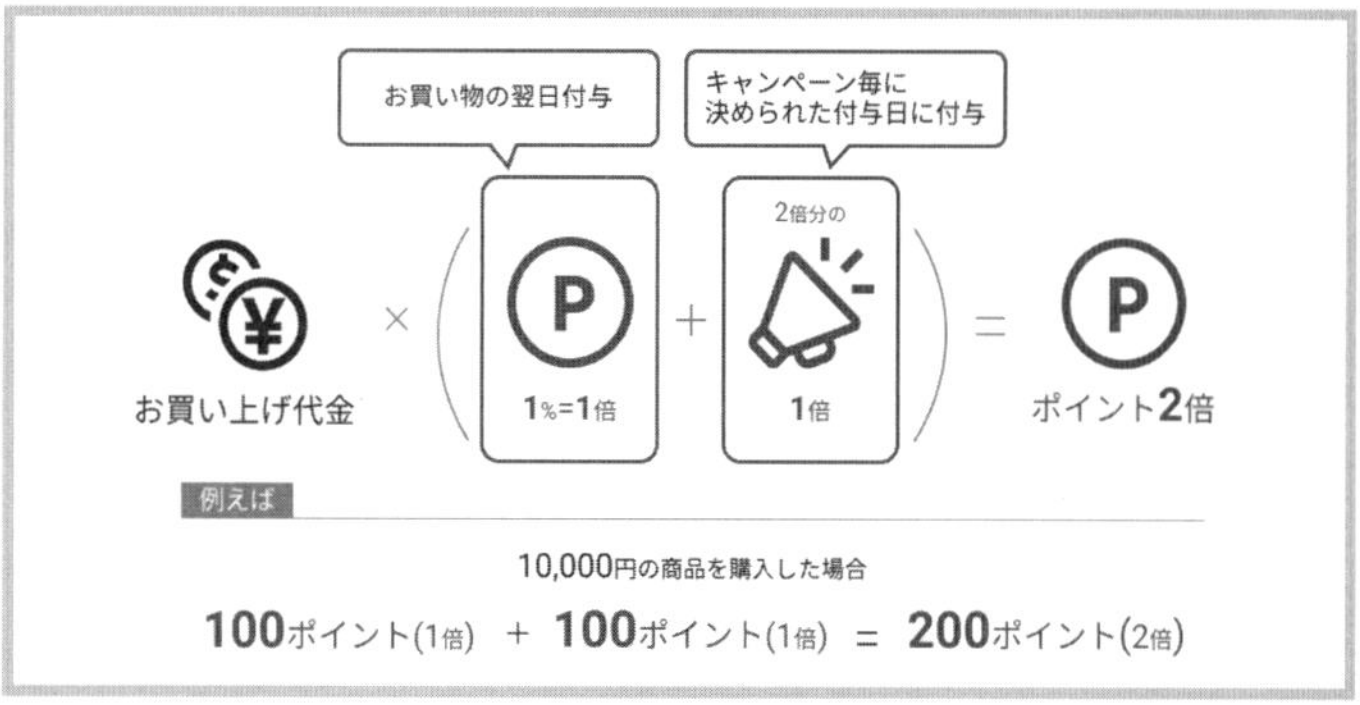

※楽天市場での楽天カード利用：2%のうち1%分は、上図のように通常のタイミングで付与。残りの1%は楽天カード利用ポイントとして、翌月15日前後に付与。
※その他SPUのポイント付与：翌月15日前後に付与。
※「SPU(スーパーポイントアッププログラム)」、楽天スーパーSALE/お買い物マラソン「買いまわりで最大10倍」、「イーグルス/ヴィッセル/FCバルセロナ勝利で2, 3, 4倍」などのキャンペーンでは、キャンペーン特典ポイントの付与は後日になります。
図の出典：楽天市場ホームページ

15日に付与されます。また、SPUでアップした分のポイントについても同じく、翌月15日の付与となります。詳しくは、前ページの図表を参照してください。

楽天ポイントやTポイントは、一般的にハピタスやモッピーなどのポイント獲得サイトのポイントよりも短いスパンで付与されるので、その分、ポイントを活用できるタイミングが早くなります。

楽天ポイントを獲得しやすいポイ活コンテンツ

楽天経済圏内でのポイ活だけをとってみても、どこまで追求してやるかは個人差があるでしょう。また、ポイ活のために割ける時間は、一般的にはそう多くないはずです。そこで、0円投資に使える「通常ポイント」を無理せず獲得できる方法に絞って、ご紹介しましょう。

スーパーポイントスクリーン

・広告をクリックすると、毎日5ポイント貯まるコンテンツです。ウェブ版とアプリ版があります。

・毎日通常ポイントが貯まり、ポイントを獲得した日から2日後に付与されます。

■これだけは押さえておきたい、楽天ポイ活アプリ

コンテンツ名 アプリ名	アイコン	サービス名	主に獲得できるポイントの種類と有力交換先、サービス概要	貯めやすいポイントの種類
楽天カード (楽天e-Navi)	R 1234 5678	楽天カード	・会員専用オンラインサービス ・利用には初回手続きが必要 ・契約情報や利用明細の確認、キャンペーン情報などの設定・確認ができる	期間限定
楽天Pay	R Pay	楽天ペイ	・コード決済 ・楽天PayのモバイルSuica（赤いSuica）に楽天Payからチャージできる ⇒通常ポイントが0.5%お得	通常
楽天 Super Point Screen	R P	スーパー ポイント スクリーン	・毎日通常ポイントが貯まり、ポイントを獲得した日から2日後に付与 ・毎日5P貯まるコンテンツ（広告をクリックすると、終日3P、11:00～14:59⇒1P、18:00～23:59⇒1P ・期間限定ポイントが貯まるゲーム有	通常
楽天WEB 検索	R	ウェブ 検索	・ブラウザにインストールして、検索するだけで楽天ポイントが貯まるツール ・毎日開催される100万ポイント山分けキャンペーンは、参加者数と、最低5口の獲得口数を基準に通常ポイントを付与 ・毎月1日～月末までにエントリーし、1日あたり5口を5日間以上利用すると獲得ポイントが2倍、期間限定ポイントで付与されるサービスも	通常
楽天 PointClub	R p CLUB	ポイント クラブ	・楽天ポイント管理アプリ ・ポイント獲得データのリアルタイム、累計などを把握しやすい	期間限定
楽天市場	R	楽天市場	・SPU（楽天スーパーポイントアッププログラム）や各種キャンペーンは活用できるものはしておきたいところ	通常・期間限定
楽天証券	Rakuten 楽天証券		・楽天証券で、ポイントを使って投資信託を購入するとポイント＋1倍（ポイント投資） ・マネーブリッジの設定（楽天銀行と楽天証券の連携）で優遇金利	通常
楽天銀行	R 楽天銀行	楽天銀行	・楽天銀行で楽天カードの引き落としをするとポイント＋1倍 ・ハッピープログラム	通常

■ウェブ検索（左）とスーパーポイントスクリーン（右）

・クリックできる時間帯と最低獲得ポイントは、終日3ポイント、11：00～14：59→1ポイント、18：00～23：59→1ポイントとなっています。

日によっては、キャンペーン広告などにより、10ポイント前後を獲得できる時もあります。

楽天ウェブ検索

・検索するだけで楽天ポイントが貯まるツールです。ウェブ版とアプリ版があります。

・毎日開催される100万ポイント山分けキャンペーンは、参加者数と、最低5口の獲得口数を基準に通常ポイントが付与されます。

・毎月1日～月末までにエントリーし、1日あたり5口を5日間以上利用すると獲得ポイントが2倍、期間限定ポイントで付与されるサービスもあります。

ポイントスクリーンなど、クリック系のコンテンツは忙しい時にはスルーしていただいてもいいですが、ウェブ検索は普段から使うことが多いため、負担はそれほど大きくないでしょう。

気づいたらポイントが貯まっていると、ちょっとだけ嬉しくなりますよね。

Point 7

楽天経済圏を活用した0円投資の具体的なやり方

一度設定したら、あとはほったらかし

ここまで、楽天グループやポイント制度の中身をご紹介してきました。ここからはいよいよ、楽天経済圏で0円投資を実践していくための具体的な方法をご紹介します。

基本的には、**一度0円投資をするための準備をして、簡単な設定をしてしまえば、あとは日常生活のなかで、自分好みのキャッシュレス決済や買い物をしつつ、ポイント残高や現金残高をチェックするくらいしかやることはない、とても簡単な方法です。**

ここでは、いままで楽天グループのサービスをまったく活用したことがない方を想定して、0円投資を実践するための手順をご紹介します。楽天グループはそもそもポイント経済圏を意識して構成され、拡大してきたため、ポイ活からポイント投資への

■ 0円投資の全体像

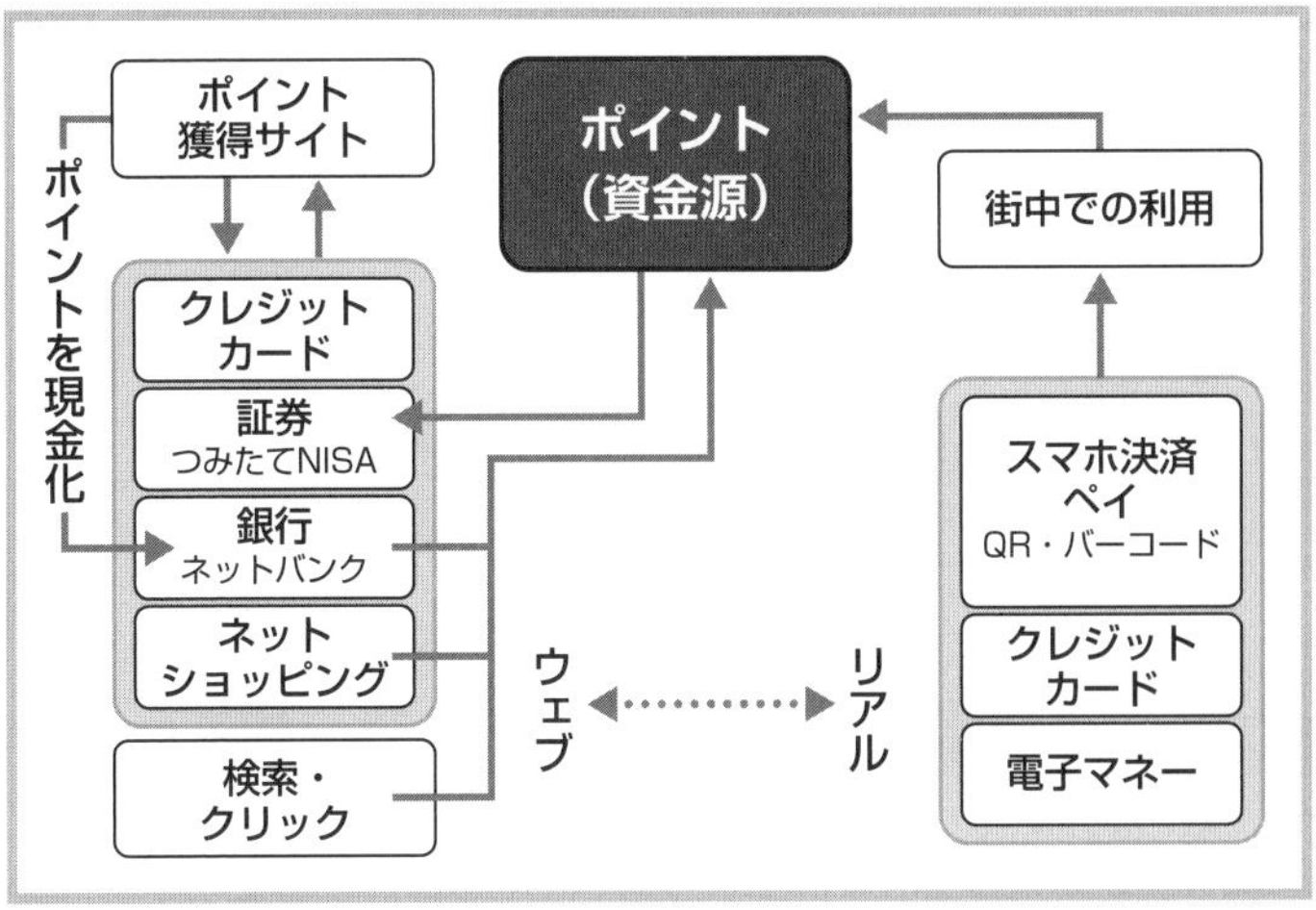

しくみが比較的わかりやすくなっているからです。

自分には必要ないと思う部分については スルーしていただいていいですし、すでになにかしら始めてらっしゃる方は、必要な部分だけ読んでいただければ大丈夫です。

楽天証券による0円投資の全体像

0円投資は、日常生活の支出などから派生したポイントを循環・再利用することで、資産を形成していくことにフォーカスしたしくみです。ポイント付与と消費により、複利効果を最大限活用していきます。

「お金がお金を生む」ならぬ、「ポイ

ントがポイントを生む」しくみであり、わらしべ長者的なイメージです。

0円投資ノウハウの設定方法

それでは、具体的な0円投資の手順を見ていきましょう。

❶ポイント獲得サイト経由で楽天カードを契約
❷楽天銀行・楽天証券の口座開設
❸銀行・証券のシステム連携
❹0円投資で積み立て商品の選定
❺クレカ積み立ての設定

全体的なイメージはたったこれだけです。一度設定してしまえば、あとは日常生活での買い物などで貯まっていったポイントだけで、0円投資のしくみを構築できてしまいます。この一連のしくみは、収入がそのままでも、支出が減り、貯蓄が増えるという、まさに「家計の埋蔵金」を発掘する作業になります。

それでは、❶〜❺を順番に見ていきましょう。

以降、各種サイトへの登録や、サービス契約・口座開設が続きます。メールアドレスはなるべく1つに統一し、会員IDや暗証番号はメモをとっておくか、PCやスマホなどに必ずまとめて、2種類以上の手段で保存しておいてください。

会員IDやパスワードを忘れてしまうと、いちいち再設定が必要になったり、ログインできなくなったりしますのでご注意ください。近年では、このようなID・パスワードなどのデジタル情報の整理問題が話題になってきています。

❶ポイント獲得サイト経由で楽天カードを契約

前述の通りですが、楽天経済圏（エコシステム）を活用するには、楽天カードは欠かせません。まずはハピタスやモッピーなどのポイント獲得サイトで楽天カードを契約してみましょう。

ポイント獲得サイトで契約する手順を踏めば、楽天カードそのものの契約キャンペーンによるポイントと、ポイント獲得サイトに貯まるポイントと両方貯まります。これで自動的にポイントの二重取りが可能です。

■ハピタス経由の楽天カードの申し込み画面

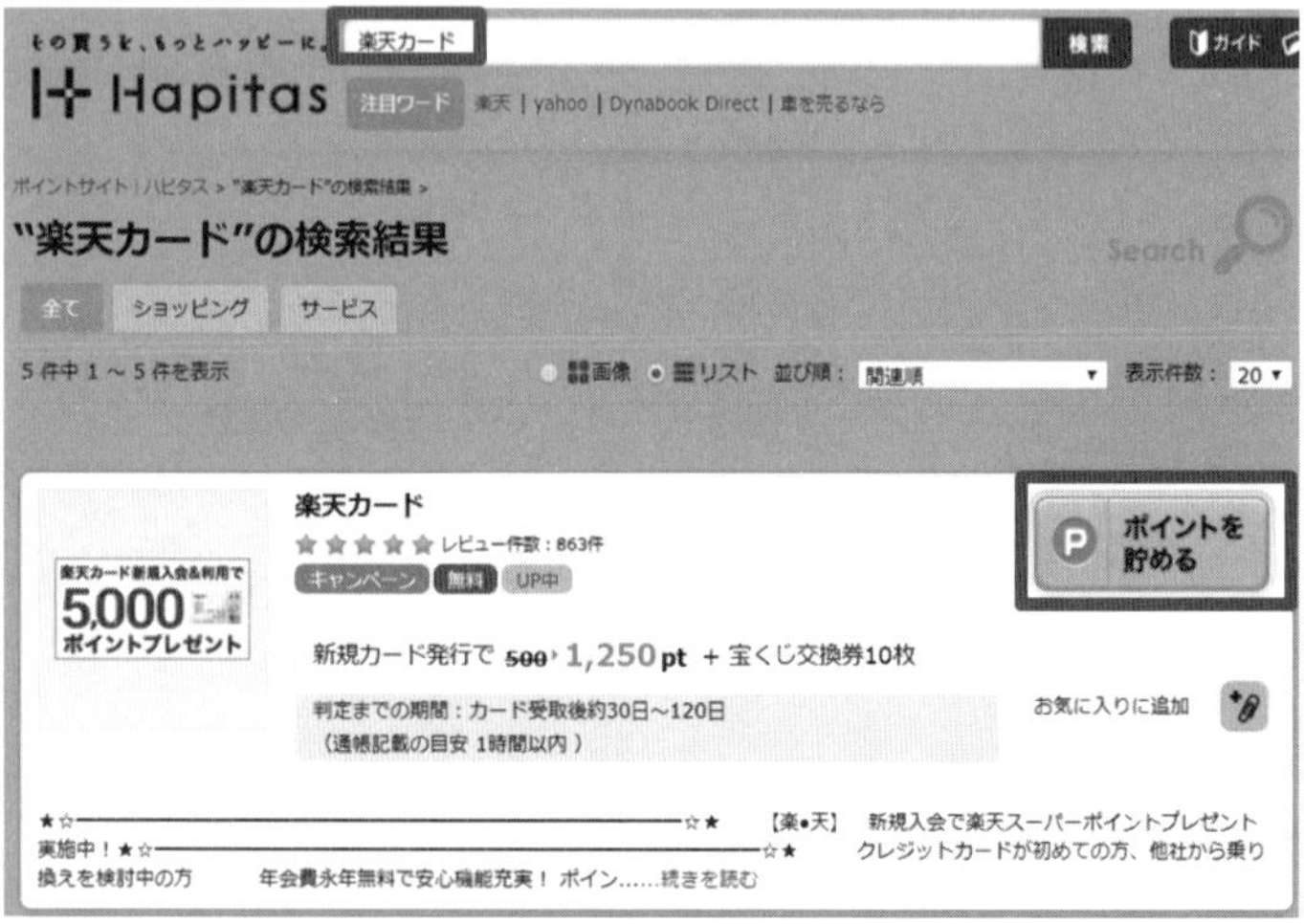

■モッピー経由の楽天カードの申し込み画面

契約手続きは、ハピタスやモッピー経由で楽天カードに申し込みます。画面上部の検索窓に「楽天カード」と入力してください。下に該当する広告一覧が出てきますので、ハピタスの場合は、楽天カードの右側の「ポイントを貯める」ボタンを押します。モッピーは「POINT GET!」を押します。ここから遷移先のサイトで契約、ポイント付与条件を満たすと、およそ2カ月後あたりを目安に、ハピタスやモッピーのポイントが貯まります。

詳細な条件などは該当の広告に記載されています。その時の状況に応じて、ポイント付与条件が変わることもありますので、必ずその都度確認するようにしましょう。

また、楽天IDとパスワードで、楽天カード会員専用オンラインサービスである、**「楽天e-NAVI」**にも登録しておきましょう。楽天カードの利用明細の確認や各種サービスも活用できます。

なお、例えばハピタスに貯まったポイントは、300円相当分から手数料無料で、楽天銀行に直接、現金として送金できます。これらが後日、0円で投資信託が買える原資になります。

モッピーの場合は、現金化して楽天銀行に送金すると手数料がかかります。そこで、別のポイント獲得サイトであり、ポイント交換サイトでもある「ドットマネー」を経由して送金するようにしましょう。

ドットマネーでは、提携先のポイントを「ドットマネー」を通じて現金やマイル、ポイントなどに交換できます。ドットマネーを経由すれば、モッピーのポイントをドットマネーのポイントに交換でき、そこからさらに楽天銀行に送金することができます。

ドットマネーはそのほかにも、モッピーのポイントをTポイントなどに変えたい場合や、その他のポイントサイトで獲得したポイントを現金やTポイントなどに交換する場合にも、よく活用されています（80ページ図表を参照）。

なお、ドットマネーは、株式会社サイバーエージェントの連結子会社ですが、2021年5月に、親会社に吸収される予定です。

❷楽天銀行・楽天証券の口座開設

楽天カードを登録したら、次は楽天銀行と楽天証券の口座を開設しましょう。

楽天銀行・証券の口座開設でも、楽天ポイントを貯めることができます。ポイントをお得に獲得するには、ポイント獲得サイト経由で開設する方法か、もしくは楽天銀行・証券側のキャンペーンを利用する方法があります。

キャンペーンの内容は頻繁に変わりますので、どちらの方法が獲得ポイントが多くなるか、事前に調べてみないとわからない場合が多いです。

たいていは数百～2000ポイント程度になりますが、獲得ポイントが気になる方は、前述の「どこ得？」（70ページ参照）などのポイント比較サイトを調べてからご利用ください。

■楽天銀行の「ハッピープログラム」を活用する

楽天銀行には**「ハッピープログラム」**という制度があります。

ハッピープログラムは楽天銀行のお客さま優遇プログラムです。エントリーするだけで入出金などの所定の取引ごとに楽天ポイントが貯まり、楽天ポイントを振り込み手数料に利用できるようにもなります。またハッピープログラムに登録すると、ATM手数料が最大月に7回、振込手数料が最大月に3回まで無料になります。後々活用することになりますので、登録しておきましょう。

会員ステージが上がると、振込、入金などのハッピープログラム対象サービスの楽

■ハッピープログラムの5つのステージ

	ATM利用手数料（無料回数）	他行振込手数料	楽天ポイント獲得倍率	振込手数料の楽天ポイント払い
SV スーパーVIP 残高300万以上 または取引30件以上	7回/月	3回/月	3倍	支払可能
V VIP 残高100万以上 または取引20件以上	5回/月	3回/月	3倍	
Pr プレミアム 残高50万以上 または取引10件以上	2回/月	2回/月	2倍	
A アドバンスト 残高10万以上 または取引5件以上	1回/月	1回/月	1倍	
B ベーシック エントリー	―	―	1倍	

出典：楽天銀行ホームページ

天ポイントの獲得倍率が上がります。例えば預金残高が100万円以上の方なら「VIP」となり、ハッピープログラムに登録するだけで、ハッピープログラム対象のサービスを利用した際に付与される楽天ポイントが3倍になります。

登録の仕方は簡単です。楽天銀行のウェブサイトから、楽天会員の情報と楽天銀行の口座情報を連携させる「楽天会員リンク登録」を行うだけで、ハッピープログラムへのエントリーも完了となります。

また、楽天銀行には**「現金プレゼントサービス」**があります。

バナーをクリックするものと、アン

■マネーブリッジの全体像

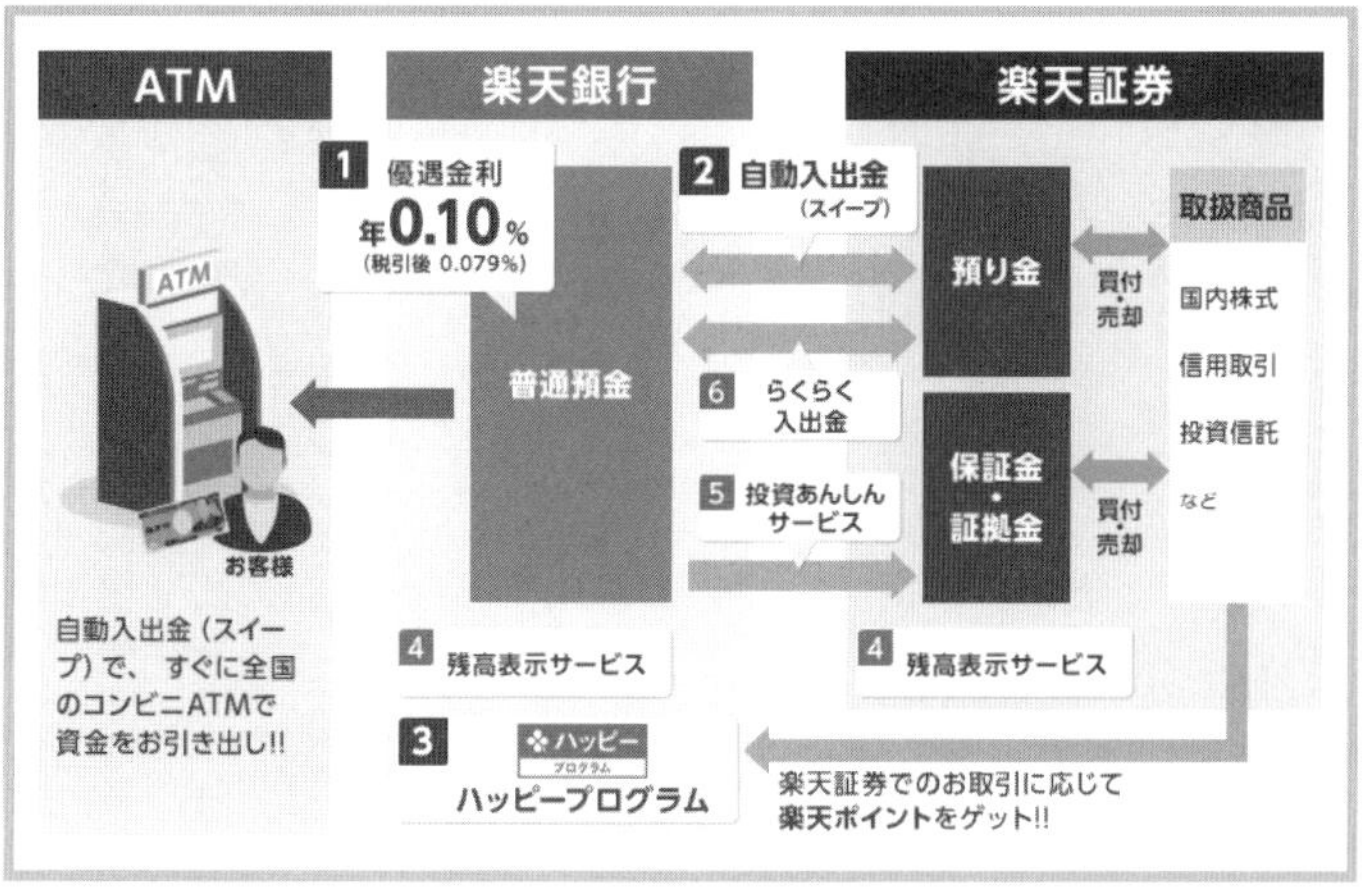

出典：楽天銀行ホームページ

ケートに回答する二種類がありますが、このコンテンツを利用すると、毎月5～10円前後の現金が、楽天銀行に入金されます。ちょっとした利息程度にはなるでしょう。

■楽天証券では「ポイント利用の設定」を

また楽天証券では、「ポイント利用の設定」をしておきましょう。「マイメニュー」→「ポイント設定・SPU」の画面で「楽天ポイントコース」を選択してください。この設定をしておけば、楽天証券だけでなく、ほかの楽天グループで利用可能な楽天ポイントが貯まります。

楽天ポイントコースは、1商品（投

信）あたり500円分以上のポイント投資（最低1ポイント以上の利用、現金との組み合せも可）で、SPUの倍率がプラス1倍になります。ただし、月末時点で「楽天ポイントコース」に設定している方がSPUの対象となります。

③銀行・証券のシステム連携（マネーブリッジ）

楽天銀行・証券の口座開設が完了したら、楽天証券と楽天銀行をシステム連携させる**「マネーブリッジ」**を設定します。

マネーブリッジとは、楽天証券口座と楽天銀行口座を連携させることで利用が可能になる、各種サービス・機能の総称です。特に、普通預金の金利が、大手銀行のおよそ100倍の0・1％になったり、証券・銀行間での入出金を自動的に行ってくれるなど、非常に便利な機能が備わっています。

マネーブリッジの自動入出金設定については、楽天証券にログインし、トップページ右上の「マネーブリッジ」をクリックし、手続きをします。

なお、マネーブリッジを設定すると最低限、楽天証券にいくら現金を残しておくかを決めることができます。0円投資をやる場合は、楽天証券にお金を残しておく必要

■クレカの積み立て設定の流れ

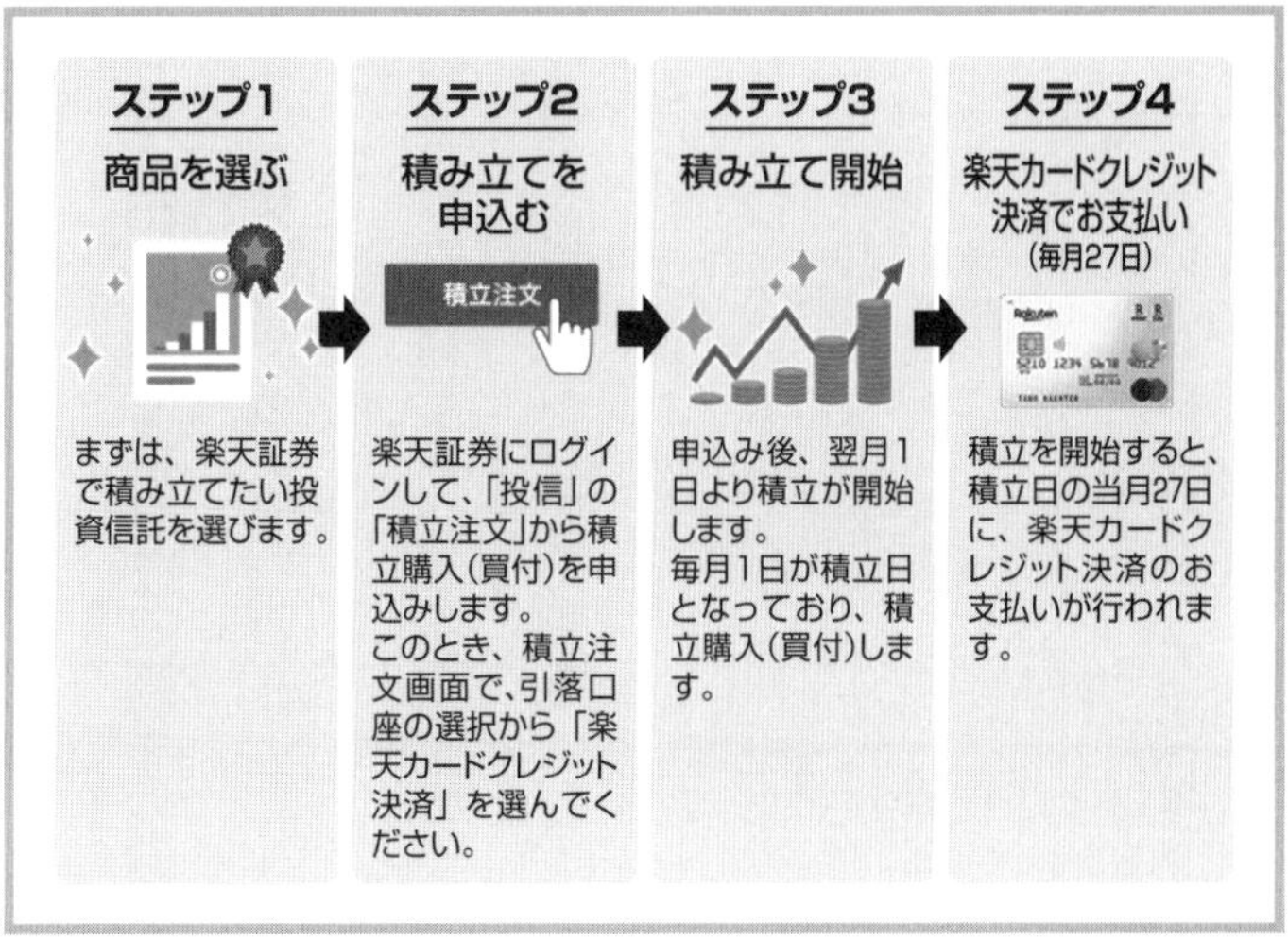

楽天証券ホームページを基に作成

■クレカ積み立てから支払いまでの流れ

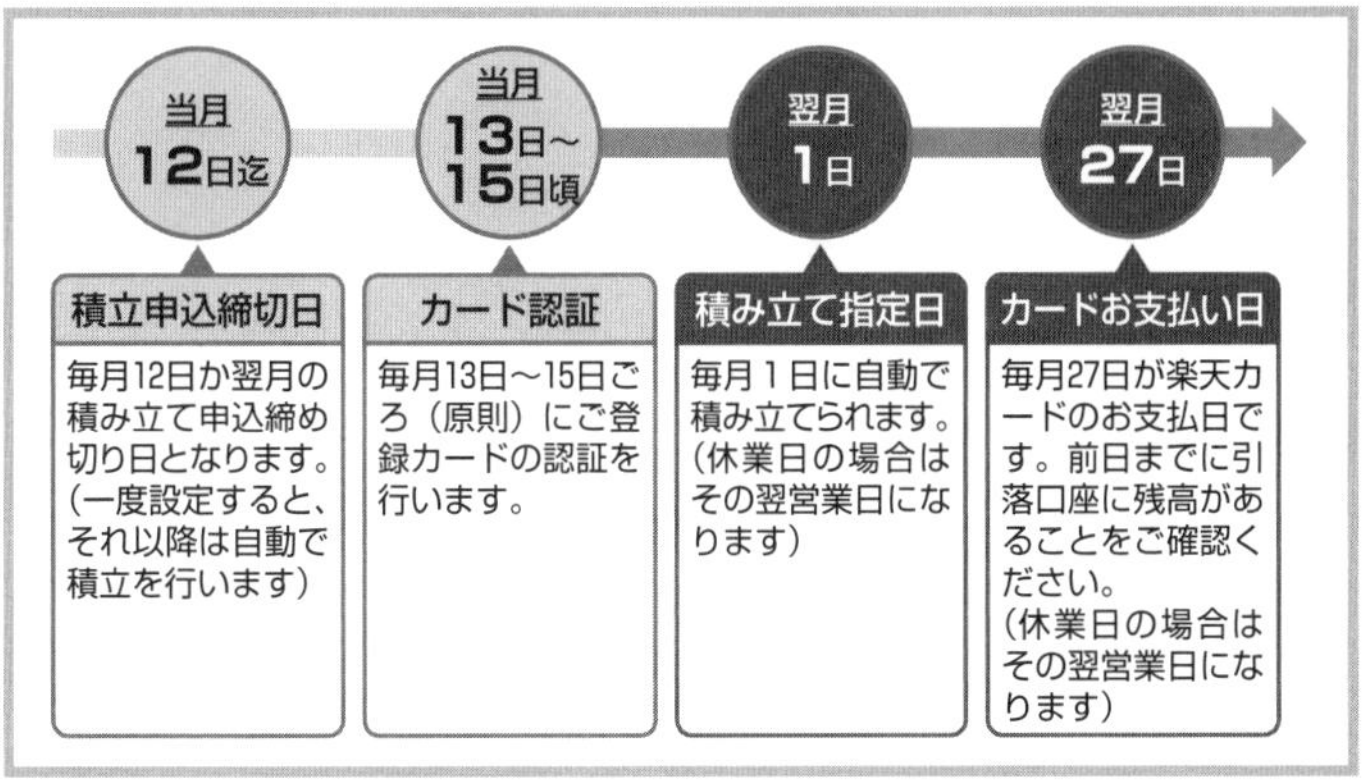

楽天証券ホームページを基に作成

はありませんので、この金額を0円に設定しておきましょう。

❹0円投資で積み立て商品の選定

投信や株式などの金融商品を初めて買う時は、それなりにドキドキするものです。0円投資でお試し買いをすることで、今後積立てしていく商品を固めていきましょう。どのような銘柄を選べばいいのかについては、第4章で詳しく述べていきます。

❺クレカ積み立ての設定

ここまでくれば、あとはもうすぐ完了です。楽天証券では、クレジットカード決済で投信を積み立てることが可能になっています。さらに、投信を楽天カードで購入すると、通常のカード決済と同様に、決済額100円につき1ポイントの楽天ポイントが付与されます。クレジットカード決済は、ポイントを使った積み立てと併用が可能です。

毎月の決済金額を決めたうえで、楽天カードによる積み立て設定をします。この際、**完全に0円で投資をしたい場合は、クレカ積み立て設定で、楽天スーパーポイントを**

優先的に利用する設定と、ポイント利用の上限設定を行います。

とりあえず、どれか1つの商品、例えば全世界の株式に投資する投資信託を、500円分積み立てる設定にしておけば、無理なくポイントをメインに使う投資を継続でき、またSPUのポイントアップ対象にもなるのでおすすめです。コツがわかってきたら徐々に投資に使うポイントやお金を増やしていきましょう。

だいたい毎月何ポイントくらい獲得できるのかは、カード利用額を概算すれば、事前にわかると思います。積み立ての金額を調整することで、獲得したポイントや現金の範囲内でのみ投信を購入でき、完全に0円投資を実行することが可能になります。

Point 8

「Tポイント」のしくみ

SBIグループとかかわりが深いTポイント

Tポイントも大枠としては、楽天ポイントと似通ったしくみになっています。

ただ、Tポイントそのものはとても歴史のあるシステムです。そこへSBI証券を擁するSBIグループが、自社の成長戦略のなかで、Tポイントのサービスを少し無理して寄せ集めてきたような印象もありますので、楽天ポイントより複雑な部分があります。

また最近では、PayPay証券やLINE証券との関係性がどう変化していくのかも注目しておきたいところです。

Tポイントについては、楽天エコシステムと異なる部分のみをご紹介していくことにします。

Tカードをもっていない場合

Tカードを0円投資で活用するには、「Yahoo! JAPAN ID」とTカード情報の登録が必要になります。まずはYahoo! JAPANのログイン画面より、新規登録をしておきましょう。

Tカードをすでにもっている場合

Tポイントの会員サイトである「T-SITE」に、もっているTカードの情報を登録します。

ここでよくありがちなのは、Tカードを複数所持している場合、どのTカードの情報を登録したのか、わからなくなってしまうことです。筆者も複数所持していたので、普段使わないTカード番号を登録してしまい混乱してしまったことがあります。

TカードとTポイントは移動・引き継ぎして、ひとつにまとめられます。まとめることをご希望の場合は「Tカードサポートセンター」へお問い合せフォームから連絡すると、希望の方法で案内してくれます。

■ Tポイントと期間固定Tポイント

	Tポイント	期間固定Tポイント
特徴	ポイントが利用できる提携先で利用できる	指定された提携先でのみ利用できる
使い方	ポイントが利用できる提携先	決まった提携先
	期間固定Tポイントは、有効期限の短いものから、優先的・自動的に利用される	
有効期限	最終利用日から1年間	ポイントごとに異なる
残高確認方法	お客様情報（Tポイント履歴）	お客様情報（期間固定ポイント）

Tポイントの種類

楽天ポイントと同じく、Tポイントにも期間限定のものがあります。

期間固定Tポイントは、用途と期間に条件・制限があるので、注意が必要です。詳しくは上の表を参考にしてください。

Point 9

Tポイントのラクラク獲得パターン例

Tポイントによる0円投資のやり方

Tポイントによる0円投資も、基本的には、楽天の場合と大差はないのですが、異なる部分もあります。

SBIグループで0円投資可能な証券会社は、本体のSBI証券、スマホ専用証券のSBIネオモバイル証券（ネオモバ）の2社あります。

ここでは、この2社に楽天を加えて、それぞれの特徴を比較しながらまとめてご紹介していきたいと思います。

❶ポイント獲得サイト経由でヤフーカード契約

楽天カードを作成した時と同様のパターンです。ポイント獲得サイトでヤフーカー

■ネット証券とポイント・銀行の関係

業種・サービス	楽天証券	ＳＢＩ証券	ＳＢＩネオモバイル証券（ネオモバ）
ポイント	楽天ポイント	Ｔポイント	
銀行	楽天銀行	住信ＳＢＩネット銀行	
カード	楽天カード	ヤフーカード	
ネットショッピング	楽天市場、楽天Rebates	ヤフーショッピング、PayPayモール	
相性のいいポイント獲得サイト	ハピタス	モッピー	
ポイント交換サイト	ドットマネー		

ドの契約を申請し、ポイントを貯めます。

80ページの図表でご紹介したポイント獲得サイト「ハピタス」の場合は、ハピタスのポイントを直接Ｔポイントに交換することはできませんので、ドットマネー経由でＴポイントに手数料無料で交換します。

なお、モッピーの場合は直接、手数料無料でＴポイントに交換できます。

❷ネット銀行・証券の口座開設

こちらも楽天同様の流れです。直近でＳＢＩグループは、ＳＭＢＣ（三井住友）グループとの提携を強化してきており、Ｔポイントの場合は、住信Ｓ

ＢＩネット銀行を利用する形になります。

ちょっとややこしくなってきたと思いますので、楽天を含め、相性の良い金融機関やショッピングサイトなどを前ページの表にまとめておきました。ご参照ください。

❸銀行・証券のシステム連携

楽天の場合と同様、証券会社と銀行の口座開設をします。また、Ｔポイントを証券会社と連携させます。

ＳＢＩ証券ではホームページより、「口座管理」→「お客さま情報 設定・変更」→「ポイント・外部ＩＤ連携」より連携の設定ができます。またネオモバでは、「マイページ」→「Ｔポイント（ＩＤ連携）サービス」→「Ｔポイント利用手続き紹介・解除」より、連携の設定を行ってください。

❹0円投資で積み立て商品の設定

どの会社でどの金融商品を取引するのか、決めます。楽天証券と併せて考えると、楽天証券のみ、ＳＢＩ証券のみ、ＳＢＩ証券×楽天証券、楽天証券×ネオモバなど、いくつか組み合せが考えられます。

■ 0円投資可能な金融商品比較

金融商品	楽天証券	ＳＢＩ証券	ＳＢＩネオモバイル証券（ネオモバ）
投資信託・ETF（積み立て）	○	×	×
投資信託・ETF（一括）	○	○	○
日本株式（積み立て）	×	×	○
日本株式（一括）	○	×	○
米国株式・ETF	×	×	×
FX（積み立て）	×	×	×
FX（一括）	×	×	○

いま、証券会社とポイントサービスの連携をはじめ、業界内の動きが活発になっています。各社がどのサービスを扱っているのかを、上の表でまとめました。ご参考になれば幸いです。

今後はますます、０円投資が可能なサービスが拡充されていくと思います。どのようなサービスが出てくるのか、楽しみに待ちましょう。

❺クレカ積み立ての設定

ＳＢＩ証券でも、「三井住友カード」との提携強化により、２０２１年６月末以降に楽天カードと同じく、クレカで投資信託の積み立て購入ができるようになります。

主な内容は次の4点です。

1．ＳＢＩ証券の投信積立サービスにおいて、三井住友カードのクレジットカード決済が可能に。その際、決済金額の0・5％分の「Ｖポイント」（ＳＭＢＣグループのポイント）が付与される。

2．Ｖポイントは、1ポイント＝1円として、三井住友カードの決済、ＳＢＩ証券の投資信託の買い付けに利用できる（Ｖポイント投資）。

3．投資信託の保有残高に応じて、さらにＶポイントが付与される。

4．三井住友カードのアプリ上で、ＳＢＩ証券総合口座情報が表示される。

Ｔポイントと違い、Ｖポイントという名称ですが、投資信託の積み立てによってポイントがもらえ、さらにそれを再投資できる点には変わりありません。

このように、ＳＢＩ証券も、楽天グループのサービスに近づいてきています。投資家にとっては、このようなサービスはありがたいものです。

そのほかのTポイントを獲得しやすいコンテンツ

Tポイントは、ポイント投資という観点からは、楽天の通常ポイントよりも獲得しやすい設計になっています。そのため、筆者はTポイントも可能な範囲で活用していますし、なるべく簡単にできる方法でポイ活もしています。Tポイントを手に入れやすい、いくつかの方法をご紹介しましょう。

■メルマガ内のバナーをクリック

会員サイト「T-SITE」に登録すると、Tポイントがもらえるバナー付きのメルマガが送られてきます。メルマガのバナーをクリックすると、所定のTポイントを獲得できます。メルマガ解除も可能ですが、クリックすれば最低1ポイント獲得できますので、不都合がなければ活用するといいでしょう。

楽天にも同様のメルマガがありますが、楽天の場合は主に、期間限定ポイントになります。ポイント投資の原資には活用できませんが、ネットショッピングや楽天ペイの支払いなどには活用できます。

■アプリ「Tポイント×Shufoo!」

スーパーなどのウェブチラシアプリ「Shufoo!」とTポイントがコラボしたコンテンツです。このアプリはその名の通り、スーパーなどのチラシをアプリで閲覧できます。

紙のチラシより特売などの情報を早く入手できますので、主婦の方などに人気です。クリックしてスタンプを貯めたり、動画視聴やくじ当選によってTポイントが貯まります。

■アプリ「Tモールすいぞくかん」

ゲームアプリなのですが、ゲームをしなくても、動画視聴でポイントが貯まります。時間があるときにやってみてもいいでしょう。

お子さんのお金の教育と組み合わせても面白いかもしれません。ゲームと0円投資可能なポイントとのコラボは、今後さらに普及する可能性が高いでしょう。

Point 10

０円投資におすすめの口座は「つみたてＮＩＳＡ」

日本の投資信託の本数

資産形成において、もっとも一般的に活用されているのが**投資信託**（**投信**）です。現在、日本国内で購入できる投信の本数は約６０００本です。

そのうちネット証券である楽天証券やＳＢＩ証券で取り扱っている本数は２０００本を超えています。これだけの本数があれば、どの投信を購入すればいいのか、選ぶのが大変なくらい充実しています。

つみたてＮＩＳＡ対象の投資信託の本数

特におすすめなのが、つみたてＮＩＳＡの対象となっている投信です。

つみたてＮＩＳＡは手軽にできる資産形成として、よく活用される制度です。つみたてＮＩＳＡ対象の投資信託の本数は、２０２０年3月末現在で、１９３本となっています。投資初心者でも選びやすいように、国が定めた基準をクリアした、積み立てによる資産形成に適していると思われる商品が厳選されています。

０円投資の具体的な商品は、この中から選ぶといいでしょう。

つみたてＮＩＳＡの概要

つみたてＮＩＳＡは、２０１８年1月からスタートした、少額からの長期・積立・分散投資を支援するための制度で、投資から得られる分配金や譲渡益が上限内であれば非課税となります。投資初心者をはじめ幅広い年代の方にとって利用しやすいしくみとなっています。

つみたてＮＩＳＡでは、毎年40万円を上限として一定の投資信託が購入可能です。ただし、その年の非課税投資枠40万円のうち未使用分があっても、翌年以降に繰り越すことはできません。

つみたてＮＩＳＡでポイントを有効活用する

ポイントで投信を買い、のちに売却や分配金で利益を得たとしても、通常、その利

■ つみたてNISAの概要

利用できる方	日本にお住まいの20歳以上の方 ただし、つみたてNISAと一般NISAはどちらか一方を選択して利用可能
非課税対象	一定の投資信託への投資から得られる分配金や譲渡益
口座開設可能数	1人1口座
非課税投資枠	新規投資額で毎年40万円が上限（非課税投資枠は20年間で最大800万円）
非課税期間	最長20年間
投資可能期間	2042年まで
投資対象商品	長期の積立・分散投資に適した一定の投資信託。例えば公募株式投資信託の場合、以下の要件をすべて満たすもの ・販売手数料はゼロ（ノーロード） ・信託報酬は一定水準以下（例：国内株のインデックス投信の場合0.5%以下）に限定 ・顧客一人ひとりに対して、その顧客が過去1年間に負担した信託報酬の概算金額を通知すること ・信託契約期間が無期限または20年以上であること ・分配頻度が毎月でないこと ・ヘッジ目的の場合等を除き、デリバティブ取引による運用を行っていないこと

■つみたてNISA対象商品の分類（2020年12月23日時点）

合計193本		国内	内外	海外
公募投信	株式型	41本	12本	45本
	資産複合型	5本	81本	2本
ETF		3本	—	4本

益には税金がかかります。現在ですと、売買の際の利益から自動的に税金が差し引かれる特定口座で運用すると、その税率は約20％になります。元手ゼロから始められる0円投資とはいえ、なんだか損したような気持ちになるかもしれません。

一方、ポイントをつみたてNISAで運用するのであれば、単純に、ポイント数＝現金となりますので、損したような気持ちにはなりません。

この点は気分的な問題ではあるものの、それなりに重要な点と考えられるでしょう。

つみたてNISAの対象商品

つみたてNISAを利用すると、各年に購入した投信を保有している間に得た分配金と、値上がりしたあとに売却して得た利益（譲渡益）が、購入した年から数えて20年間、課税されません。つまり、**非課税で保有できる**

■つみたてNISAの非課税投資枠

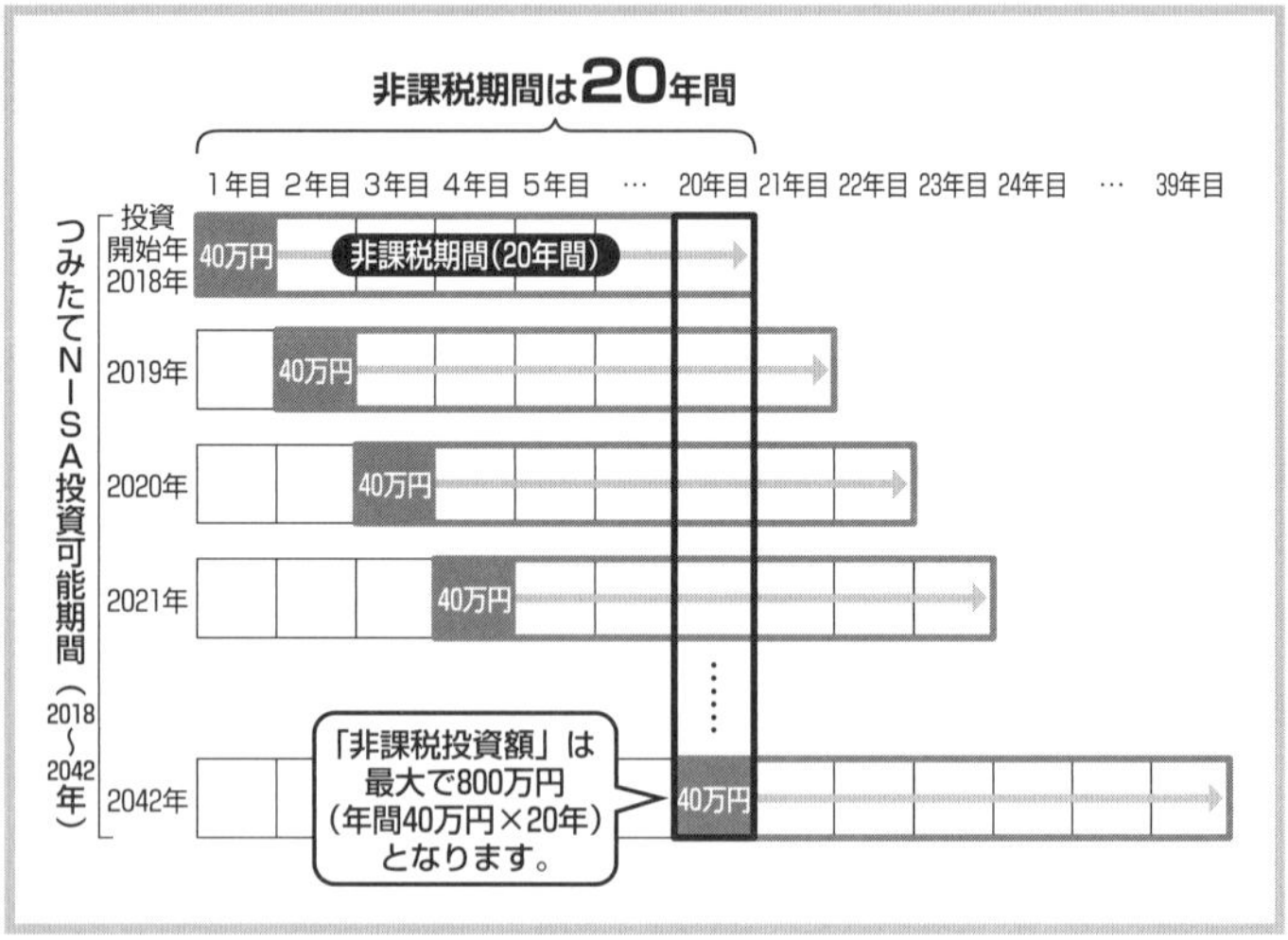

金融庁「NISA特設ウェブサイト」を基に作成

投資総額は最大８００万円です

（40万円×20年間）。

なお、非課税期間の20年間が終了したときには、ＮＩＳＡ口座以外の課税口座（一般口座や特定口座）に払い出されます。つみたてＮＩＳＡは、もともと２０３７年までの制度とされていましたが、法改正で、つみたてＮＩＳＡの投資可能な口座開設期間が、２０４２年まで、５年間延長されました。

例えば、２０４２年中に購入した投信についても20年間（２０６１年まで）非課税で保有することができますので、一刻も早く始めなければ損、というわけではありません。

ただし、2018年に開始した方は、2037年（20年間）で非課税枠は終了となります。

0円投資でつみたてNISAを活用すべき理由

■ポイント投資をしている人にとっては十分な枠であること

つみたてNISAの年間非課税投資枠は40万円ですから、例えば楽天ポイントですべて投資をしようとすると、ひと月あたり3万3333ポイントになります。

毎月コンスタントに3万ポイント以上獲得している方はほとんどいないと思われます。投資にまわせる獲得ポイントは個人差がありますが、一般的には十分な投資枠になるかと思います。

獲得したポイント以上の投資をしたい場合は、楽天カードのクレジット決済によって、支払い分のポイントのキャッシュバックを受けながら、つみたてNISAを継続していけば問題ありません。

■低コストの投信が多い

つみたてＮＩＳＡの対象商品は前述の通り、国が定めた基準を満たした低コスト投信が多くラインナップされています。せっかく獲得したポイントを最大限資産形成に活かすには、コストはなるべく安いほうがいいのは言うまでもありません。

一方で、せっかく元手ゼロからできるというのであれば、自分の財布からお金を出してまで買うにはちょっと抵抗のある、比較的コストが高めでも、高いリターンが見込まれる投信を買ってみたいということもあるかもしれません。

そのような、コストが高めの投信はつみたてＮＩＳＡ対象商品ではない可能性が高いですから、その場合には、課税口座（一般口座や特定口座）を活用してもいいでしょう。

ポイント投資は元手ゼロなのですから、試しに買ってみる、あえて勝負してみるという「チャレンジのしやすい投資法」でもあります。

Point 11

ポイント制度の変更に注意する

「早く取り組んだ者勝ち」の制度

各社のポイントサービスは、あくまでその会社独自のサービスとなります。なので**場合によっては、ポイント獲得の条件などが予告なく変更される可能性もあります。**

0円投資が可能になって間もない頃は、いまより格段にポイントが貯まりやすかった時期もありました。より有利なサービスに乗り遅れないためにも、**「早く取り組んだ者勝ち」という割り切りが必要**です。

ただ、実際にはサービスを改定する場合には、事前に1カ月以上の余裕をもって周知してくれる場合がほとんどです。告知の翌日にいきなりサービスの内容が変わるというような改定はないと考えていいでしょう。

既存のポイントプログラムは改悪される可能性が高い

今後、既存のポイントプログラムは、各種ポイント経済圏の普及・拡大とともに、徐々に条件が悪くなっていく可能性が高いといえるでしょう。

ただしその分、新しいポイントアップの対象となるサービスが生まれくるとも考えられますので、一概にポイントプラグラムの改定が良くないというわけではありません。

楽天ポイントの場合、新しいポイント付与の制度が始まってしばらくして落ち着くと、改悪されるパターンがほとんどです。だからこそ、なるべく早く取り組んでおくべきだといえるでしょう。

このように、ポイントの配分を通じた先行者利益というのは、0円投資の世界では如実に結果として出てくるのです。

なるべく早く0円投資を実践し、また、ポイントの大幅な改悪が続かない限りは、長く各社のポイント経済圏を活用することで、より多くのポイントを獲得しやすくなるでしょう。

Point 12

これからのポイント投資の動向

0円投資ができる機会は増えている

各種サービス利用により、0円投資に活用できるポイントや現金の獲得方法はいくつかありますが、もはや投信のみならず、株式投資も0円でできる時代に突入しています。

筆者が実践する0円投資では、楽天経済圏をメインに活用しています。ほかにもTポイントを活用するため、ネオモバも活用していますし、口座だけはSBI証券も保有しています。また、そのほかのグループも少しずつ試しているのが現状です。

今後、ほかの証券会社もどんどん同様のサービスをリリースしてくると思いますが、可能であれば1社だけでなく、最低2社以上と取引しておくと、将来的に制度が改悪されたとしても、それなりに対応できると思います。

■今後の動向が注目されるポイント投資グループとサービス

ポイント	dポイント	LINEポイント	Pontaポイント	WAONポイント
カード	dカード	VISA LINE Payクレジットカード	au PAYカード	イオンカードセレクト
コード決済	d払い	LINE Pay	au PAY	PayPay
銀行	特になし	特になし	auじぶん銀行	イオン銀行
証券	日興フロッギー	LINE証券	auカブコム証券	特になし
そのほか筆者の注目点	Amazonでd払い可銀行・証券の動向	ネオモバ・PayPay証券と共存共栄が継続できるか	クレカとショッピングモールの動向	コード決済、クレカ、証券の動向

まずは1社で0円投資を試してみて、慣れてきたら他社グループも検討してみるといいでしょう。

筆者の感想としては、現段階で0円投資と最も相性の良いのは楽天証券かと思いますが、SBIグループもそのレベルに近づいています。**将来どうなるかのは誰にもわかりませんので、取引金融機関においても分散が有効です。**

ここでは、楽天・SBIに次ぐ、各社のサービスを簡単な表にして前ページにまとめておきました。

特にドットマネーの交換先として相性の良いdポイントがどう動くのか、LINEポイントがSBIグループより一体化していくのか、PayPay系とLINE系、SBIグループと三井住友グループに分かれていくのか、イオン系列のWAONポイントはどこへ向かうのか、そんな点が気になるところです。

そして、最近最も注目すべきなのは、LINE証券・ネオモバ・PayPay証券などに代表されるように、**投資初心者が1株から、または少額から株式が買えるというようなサービスが増えてきたこと**です。

つまり、数百円〜千円といった単位で企業の株を買うことがすでに可能になっており、株式投資がより身近になってきています。

ここで紹介した証券会社をうまく組み合わせていくと、やり方次第ではかなり効率良く資産を増やすこともできるでしょう。今後に注目していきましょう。

第4章

「0円投資」に必要な投資信託の知識

Point 1

投資信託のしくみとメリット

最低限知っておきたい投信の知識

投資について興味がなければ、なじみのない金融商品である「投資信託」（投信）。しかし、**実際に0円投資を行う場合には、まずポイントで投信を購入することから始めます**。そこで、投資をするなら最低限知っておきたい、そのしくみとメリットを押さえておきましょう。

0円投資では、何よりも「リアルな投資体験」をしていくことに重きを置いています。少額からで構いませんので、まずは実践してみることで、走りながら学んでいくイメージです。

ただし、投資する商品についての最低限の知識は、先に知っておいたほうがいいでしょう。投信とはいったいなんなのか？　いつ、どこで、どのようにして発展してきたのか？　過去の流れから投信の概要を押さえておけば、投資体験の役に立つはずなので、以下に説明していきます。

意外に古かった⁉　投信の歴史

投信がいつ、どこで誕生したかについては諸説あります。18世紀にオランダで誕生したという説や、1868年にイギリスで誕生した、現存する金融商品である「フォーリン・アンド・コロニアル」を世界初の投信とする説などです。

後者を投信の起源とすれば、**なんといまから約150年前にはすでに投信が誕生していました**。当時の日本はというと、1867年に大政奉還・王政復古、坂本龍馬の暗殺、1868年は明治元年、戊辰《ぼしん》戦争開始と、明治維新の真っ只中。そんな時代に生まれた投資信託がいまも残っていると考えると、不思議な感じがする方も多いのではないでしょうか。

産業革命発祥の地であるイギリス。しかし、19世紀中頃には産業革命が一段落し、資金需要が減少、金利も低下していきました。

一方、ほかのヨーロッパ諸国やアメリカでは、ナポレオン戦争後の復興や、産業近代化のための資金需要、アメリカの南北戦争終結、大陸横断鉄道完成をはじめとするインフラ整備、フロンティア開拓などにより、資金需要が旺盛で金利が高い状況でした。

このため、イギリスの投資家は、自国よりも高い収益を求めて他のヨーロッパ諸国やアメリカなどの海外に投資しようとしました。

そこで考え出されたのが、多数の投資家による共同投資で巨大な資金をつくり、分散投資によるリスク軽減と、専門家による運用を可能とした投資信託のしくみでした。リスク分散と運用を代行してもらうしくみ、それが投信の起源なのです。

そもそも投資信託って何？

投信は、預貯金とは異なります。100万円を1年間預けたら100万円と1万円の利息が返ってくるというような、わかりやすい商品設計にはなっていません。

預貯金の感覚では、なかなか理解しにくい部分もあるかと思いますが、まずは基本的なしくみを紹介しましょう。

■投資信託のしくみ

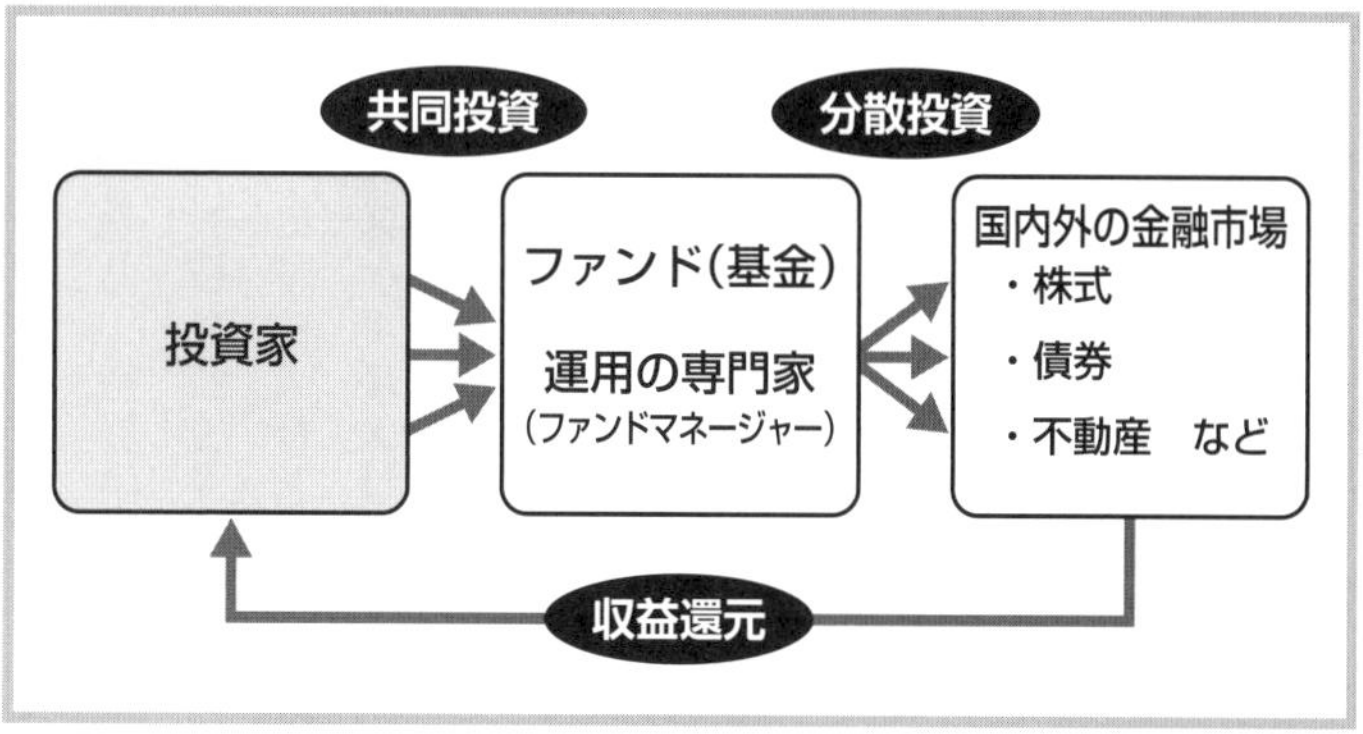

投資信託とは、ひと言でいうなら「共同投資」です。多数の投資家から資金を集めて、大きな基金（ファンド）でさまざまな投資対象に分散して投資し、その運用成果を投資家に還元する、資産運用のしくみです。

このしくみには主に4つのメリットがあります。

❶少額から投資できる
❷運用のプロに任せられる
❸分散してリスクを軽減できる
❹個人では投資しにくい資産を買える

投資家から集められたお金は、資産を管理する「信託銀行」によって、銀行固有の保有資産とは分けて管理されています。そのお金を、運用の専門家であるファンドマネージャーの指示のもと、世界中の市場（マーケット）を対象とした資産（債券・株式・不動産など）に投資されます。

このように、**一人ひとりが出資する金額としては少額だとしても、共同で投資することによりスケールメリット（規模の効果）を得ることができます。**

また、複数銘柄に分散投資できる、専門家に運用を任せられる、売買・保有コストを軽減できるなどといったメリットもあります。さらに、いつでも時価（基準価額と呼ばれる、その商品の値段）を把握できる高い透明性や、いつでも売却・現金化できる高い流動性を兼ね備えているのも特徴です。

このように投信は、個人では難しい投資を代行してくれる機能をもった金融商品となっています。

これら各種メリットを投信は兼ね備えていますので、将来に備える資産形成や、老後・退職金の資産運用などに貢献しうる手段として、イデコ（iDeCo、個人型確定拠出年金）やつみたてＮＩＳＡなどを通じて、近年特に注目されてきています。

■投資信託にかかる主なコスト

タイミング	買う時	保有中		売る時
負担方法	直接的	間接的		直接的
名称	**購入時手数料**	**信託報酬（運営管理費用）**		**信託財産留保額**
内容	買う時に支払う	保有している間ずっと支払う		解約（売却）する時に支払う
名称	—	**監査報酬**	**売買委託手数料**	—
内容		監査法人の監査費用	投信が投資する株式などの売買費用	

投信のデメリット

このようにメリットのある投信ですが、もちろん、預貯金と比べた場合のデメリットもあります。

❶コストがかかる

投信にかかるコストには、①購入時に販売会社に支払う**購入時手数料**、②ファンド資産から毎日差し引かれる**信託報酬**（運用管理費用）、③換金時に換金価格から差し引かれる**信託財産留保額**などがあります。

これらのコストは、各投信や購入経路により異なり、①や③がゼロになっている投信もあります。①の購入時手数料がかからない投信は、**「ノーロード・ファンド」**と呼ばれています。

②の信託報酬については、割合はファンドごとに異なるものの、ファンドの時価総額に対して計算するのが基本です。

つまり、そのファンドの規模が大きくなれば、業者が受け取る信託報酬の総額も増えていきます。ある意味、投資家と業者はウィン・ウィン（Win-Win）の関係ともいえるでしょう。

また、その他の費用（監査報酬や売買委託手数料など）が別枠で発生する場合もあります。この点は各投信によって異なるため、詳細は後述する各投信の目論見書（商品説明書）や運用レポートなどをご覧ください。

❷元本保証がない

元本保証がないというのは、銀行預金のようにペイオフ（1金融機関1預金者あたり、元本1000万円までとその利息等が保護対象となる）などのような保証がないということです。

銀行預金は、貸出先などの破たんリスクなどを銀行側が負いますので、預金者（お金の出し手）には一定の保証がありますが、投信の保有リスクは投資家が負いますので、元本や収益の保証はありません。

ただし、投資家が保有する投信の残高はそのしくみ上、いきなりゼロになるということがないように設計されています。

投信の商品の確認の仕方

最近では、買いたい投信のウェブサイトを見るだけで、投信についての詳しい情報を気軽に手に入れることができます。

すべての情報について、細かくチェックするのは大変かもしれませんが、これだけは押さえておいてほしいポイントをご紹介します。

■目論見書（商品説明書）

目論見書は、いわばその投信の説明書です。一般的に交付される目論見書が「交付目論見書」、別途請求すると交付される詳細な目論見書が「請求目論見書」です。

正式名称（あれば愛称も）や運用方針、運用規模やその推移、財務状況、投資している国・地域、資産（株か債券かなど）、運用スタイル、為替《かわせ》の影響などが記載されています。

■目論見書のサンプル

■運用レポートのサンプル

■運用レポート（一般的には毎月公開される運用報告書）

普段、よく見る機会がありそうなのは、目論見書よりも、むしろこのレポートかと思います。数ページ程度のボリュームで、直近の運用状況や、その運用に影響を与えたマーケット環境を解説してくれています。

また、どの資産にどれくらいの割合で投資しているのか、最新グラフも付いていて、直感的にわかりやすくなっています。その投信に組み入れられている上位ランキングの銘柄を知っておくと、株式投資においても参考になります。

Point

2

投資の対象はたった8資産

商品が多すぎて選べない？

日本で現在のところ、誰でも買える投信の数は6000本以上あります。確かにこの中から選べといわれたら筆者でもすぐには無理でしょう。つみたてNISA、企業型確定拠出年金（企業型DC）やイデコ（iDeCo）などの制度内容に魅力を感じても、最終的に高いハードルが、まさにこの「商品選び」です。ラインナップの商品数が多すぎて選べない、というわけです。

これは実は、**選べないのではなく、選ぶための順序と判断基準を知らないだけ**なのです。

これに関しては「分ける」「まとめる」ことで、より自分の頭で判断しやすくなります。多くの商品群を投資地域や投資対象でカテゴリーごとに分けて、それらをひとまとめにしてみるとわかりやすくなるはずです。

投資信託に限らず、資産運用全般に当てはまることですが、投資対象となる資産の種類は8種類しかありません。

まずは「どの商品を選んだらいいのか？」という、個々の運用商品のことは忘れてください。

投資対象の分け方

まずは第1ステップです。商品がたくさんあっても、そんなに怖がる必要はありません。一見複雑に見えてもまずは分けてみて、それらをまとめるといいでしょう。

逆説的ではありますが、商品選びの最初にすることは「商品を忘れる」ことです。

日本：①日本債券、②日本株式
世界：③先進国債券、④新興国債券、⑤先進国株式、⑥新興国株式
その他：⑦預貯金、⑧不動産（REITなど）ほか

幸いなことに、0円投資をはじめ、少額投資ととても相性の良いつみたてNISA

■投資対象は８種類

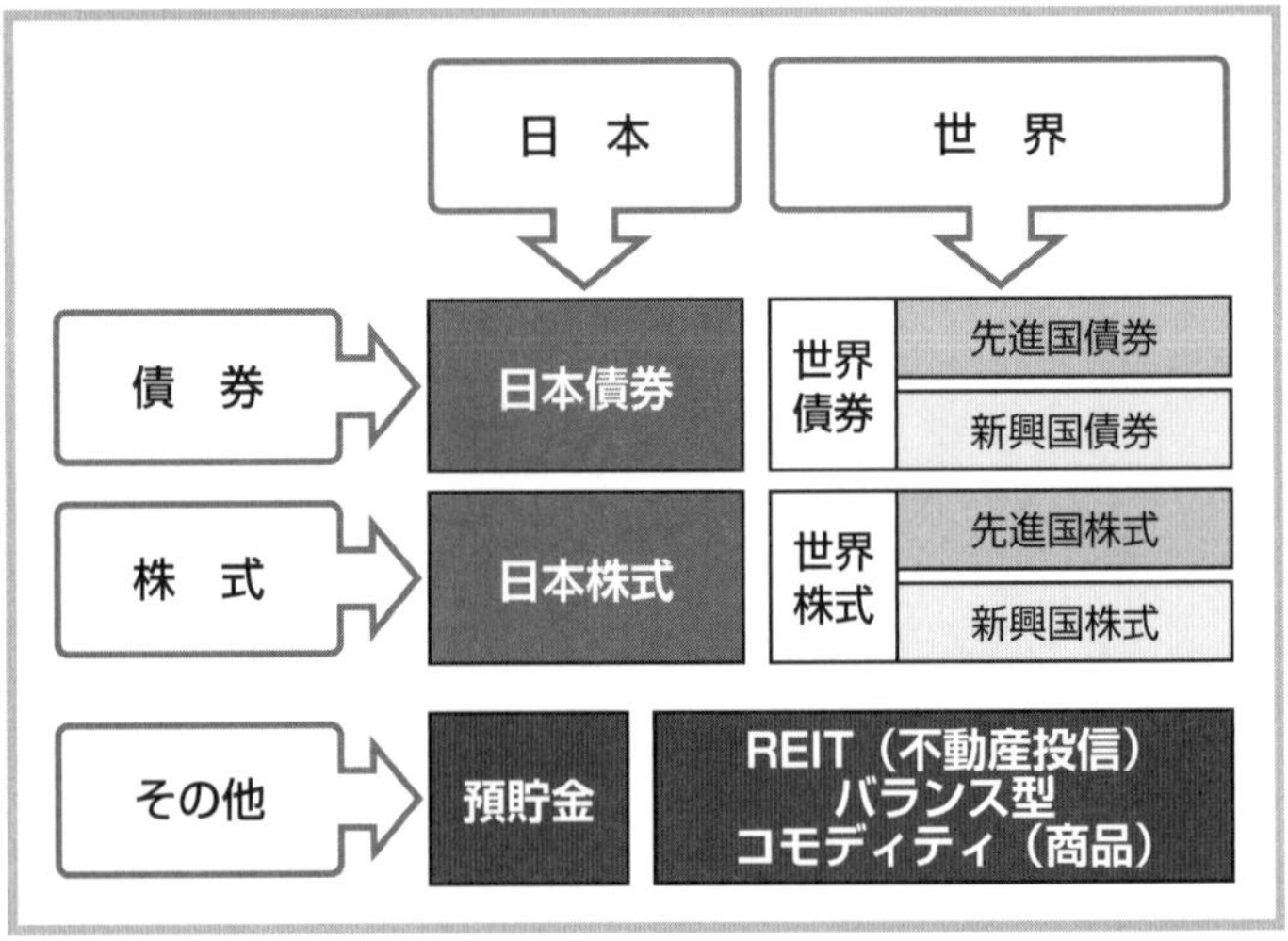

の対象商品は、２０２１年3月現在で、全部で１９３本（投信１８６本・ＥＴＦ７本）に限定されています。

実際は取引金融機関によって選べる商品が異なりますが、どんなに多く扱っている金融機関でも、上限が１９３本になるということです。

その投信を資産（アセットクラス）ごとに分けてみると、それぞれの資産に投資する投信の本数・種類はそんなに多くはないことがわかります。

資産のそれぞれの特徴は、あとで詳しく解説します。

Point 3

「インデックスファンド」とは？

選ぶ価値のある商品は少ない

インデックスファンドとは、日経平均株価（日経平均、日経225）や東証株価指数（TOPIX）等の指数をベンチマーク（基準となる指標）として、そのベンチマークに連動した運用成果を目指すファンド（投資信託）です。**つまり、日経平均などの指数が上下すれば、それをベンチマークにしている投信の価格も上下します。**

ベンチマークに基づき運用を行うため、ファンドマネジャーによる銘柄の入れ替えの頻度が少なく、運用にかかわるコストがほかの投信に比べて低い、という特徴があります。それぞれのインデックスファンドは、基本的に前述した各資産の中に含まれます。

このなかのどの地域・資産（**アセットクラス**）に投資したいのか、それぞれにどれ

■投信の選び方のポイント

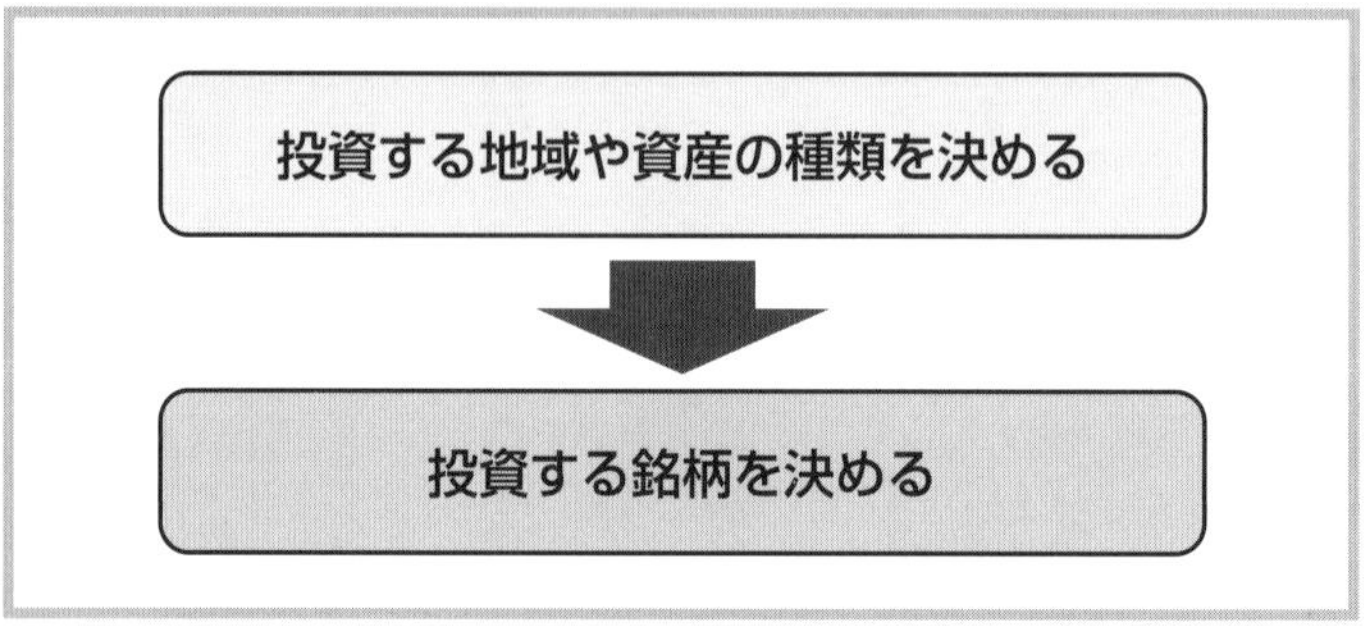

くらいの割合で投資するのか資産配分を決める（**アセットアロケーション**）のです。例えば、日本の株式に3割、世界の株式に3割、日本の債券に2割、世界の債券に2割、といったように、決めていきます。

投信を決める際には、まずはこれだけを考えればいいでしょう。各資産にどうやって配分していくかを決めることは、地球上の投資可能な地域・資産に、どれくらい分散して投資していくのかを決める、ということになります。

このようにアセットクラスが決まれば、その中に含まれる投信の数をかなり絞ることができます。

「どの地域や資産に投資したいのか」「どの銘柄にするのか」の2段階に分けて商品選びをすれば、心理的抵抗をかなり軽減することができるのです。

Point 4

何はともあれ基本は「株式」

投資で利回りはどれくらい期待できるか?

資産運用を経験したことのない方が、活用できる制度や金融商品の基本を学び、魅力を感じたとしても、必ずつまずくのが「商品選び」です。

とりあえず選ぶとするならば、まずは、「株式」を考えていただくといいでしょう。

「株式に投資する投信は、一体どれくらいの利回りで運用できるのか?」というのはよく聞かれる質問ですが、その具体例を、次ページの図で説明しましょう。

この図は、過去200年間のそれぞれの資産のトータルリターンを示したものです。いまより200年以上前の1802年の株価を1ドルとすると、2011年頃には株価が100万倍程度になっており、国債や金、ドル預金を大きく上回っていることが

■実質トータルリターン指数の推移

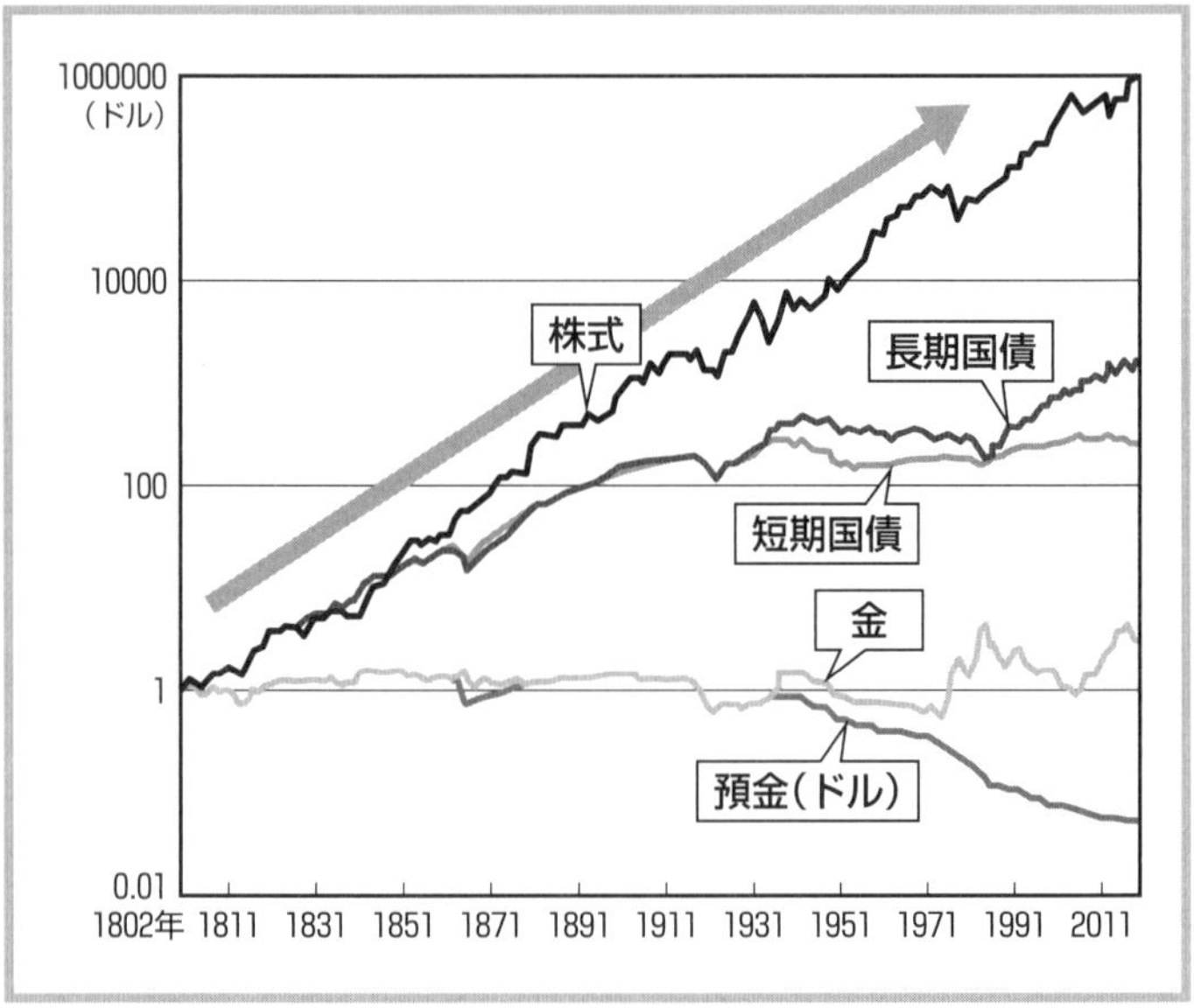

わかります。

この図は片対数グラフといって、縦軸の目盛幅の縮尺を見やすく表しているので、株価の上昇具合はきれいに右肩上がりに見えるものの、実際は年数とともに傾きがどんどん上昇するようなカーブになります。

この図を見れば、**長期的にどの金融資産がより上昇しやすい性質をもっているのかといわれれば、現状では迷わず「株式」ということになるでしょう。**

過去がそうだったから、これからもそうとはいい切れませんが、少なくとも株式の特徴であることは間違いありません。

日本では、株価は約30年前のバブルの頃から長期間、低迷していたので実感しづらいかもしれませんが、ここ10年くらいは、右肩上がりに株価が上昇しています。

長らく低迷していた日本の株式市場ですら、市場全体の規模（総額）を表す「時価総額」は、とっくにバブル期を超えています。

公務員の初任給は、約50年前といまとで比べると、3万円から21万円へ、およそ7倍伸びました。一方、同期間で日経平均は約15倍になっています。

賃金の伸びを上回ってきた、株式の上昇ペースを考えると、**株式を組み入れている投信を保有しておくこと自体が、物価上昇への対策のひとつになる**ということがわかっていただけるかと思います。

成長したいという人の欲求が株価に表れる

では、なぜ株式が長期的にずっと上昇し続けているのでしょうか？

人間には**「欠乏欲求」**があるといわれています。欠乏欲求とは、パズルのピースのように、欠けているピースがあると、それを埋め合わせたくなるという本能的な感情です。

　このような自己成長を促す力が集まるとチームになります。そして、このチームが組織となり会社を作れば、立派な中小企業です。中小企業がやがて上場すると、市場でその株式を売買できるようになります。その市場には多くの企業が上場しており、多くの企業の株式を売買できます。このような流れを描きながら、株式市場全体が成長していくのです。

■投信で世界中の会社に投資！

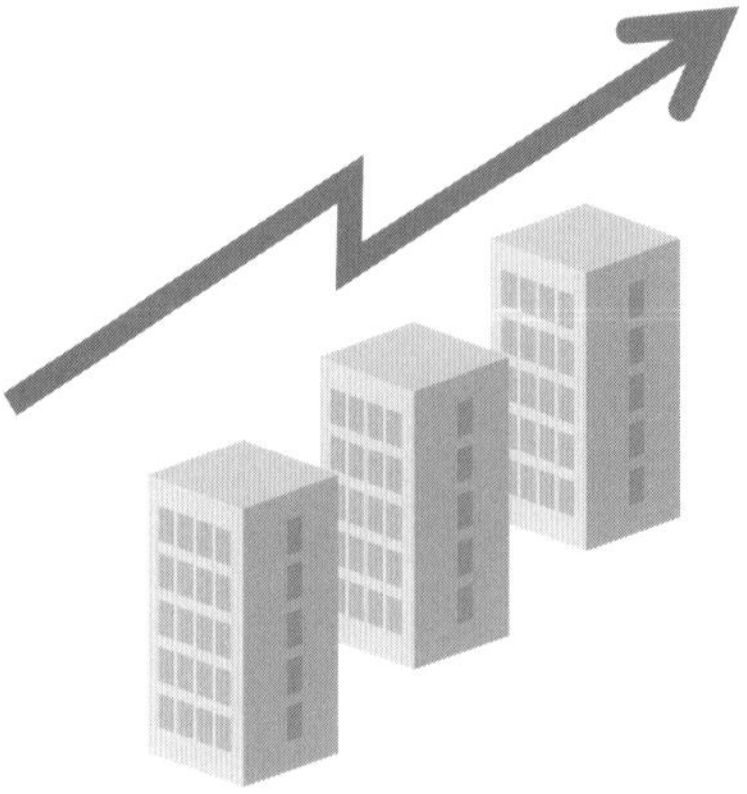

　さらに、このような株式市場は、日本だけでなく世界中に存在し、それぞれに指標（インデックス）が設定されています。これらの指標に連動する、さまざまな株式を組み合わせたものを、投資信託を通じて買うことができるのです。

　日本では**日経平均（日経２２５）・東証株価指数（ＴＯＰＩＸ）・ＪＰＸ４００、**

アメリカであれば**NYダウ・NASDAQ・S&P500**などが指標として有名です。

さらに、**「全世界株式」**などと銘打っているインデックス投信は、世界中の株価を指標として構成されているものです。このような投信は、現時点で可能な限りの、地球全体の株式に投資しているということになります。

先の図が示しているように、長らく世界中の株式市場は成長してきており、今後もそうなる可能性は極めて高いと考えられます。

個人の人間としての成長欲求に賭けるという発想で、**世界中の株式に投資することは、宇宙船地球号全体に投資しているといっても過言ではありません。**

Point 5

意外に重要な「債券」

貯蓄額が増えたら考える債券

0円投資から投資を始めたとしても、長期間積み立てしていくと、資産残高が当然増えていきます。一方でそれとともに、我々は歳をとっていきます。特に定年後などは、なかなかリスクをとりにくくなってくるでしょう。

老後生活資金の残高が大きく上下してしまうと、現役時代からの老後資金計画が大きく狂ってしまう可能性が高くなります。そのため、**低リスク資産としての債券を保有しておくことは、非常に重要になってきます**。

0円投資を始めたばかりのころは、投資する金額が少額ですので、広く分散するとかえって資金効率が落ちてしまいます。そのため、わざわざ債券を組み入れず、株のみでの資産運用でも問題はないでしょう。

徐々に資産残高が大きくなってきたり、経験や知識が積み上がってきたら、債券を資産に組み込むことを考えてみてもいいでしょう。

債券とはどのようなものなのか？

債券とは、国や企業などの借用証書を売買できるようにしたものと考えるとイメージしやすいでしょう。日本政府が発行する国債や、地方自治体の地方債、企業の社債、アメリカ政府の米国債など、さまざまな種類があります。一般的な債券は、満期を迎えるまで利息を受け取り、満期になったら最後の利息と元本を返金してもらいます。日本の金融商品としては、日本国債が最も安全性の高い金融商品になります。

債券も、株式と同様、投資信託で購入することが可能です。「国内債券」「先進国債券」など、特定の地域を対象としたもののほか、「全世界」と銘打った、世界中の債券を対象としたものもあります。

ただし、日本以外の国の債券を購入する場合には、為替の影響で資産価値がその分、上下します。為替の影響を、コストをかけて軽減させる**「為替ヘッジ付き外国債券」**を組み入れた投信を活用するという方法もあります。債券は基本的には低リスク資産ですが、このような点には注意が必要です。

Point 6

「REIT」への投資はケースバイケースで

少額でも不動産に投資できるのが魅力

「REIT」（Real Estate Investment Trust）は、**「不動産投資信託」**と訳され、投資家からの資金で不動産への投資を行い、その不動産から得られる利益を投資家に還元する商品です。

不動産の値上がりによる売却益を狙うというよりは、**保有している不動産から得られる賃料収入を主な収益源とし、そこから経費を引いた後の収益を分配します。**REITには大きく次の4つの特徴があります。

■REITのしくみ

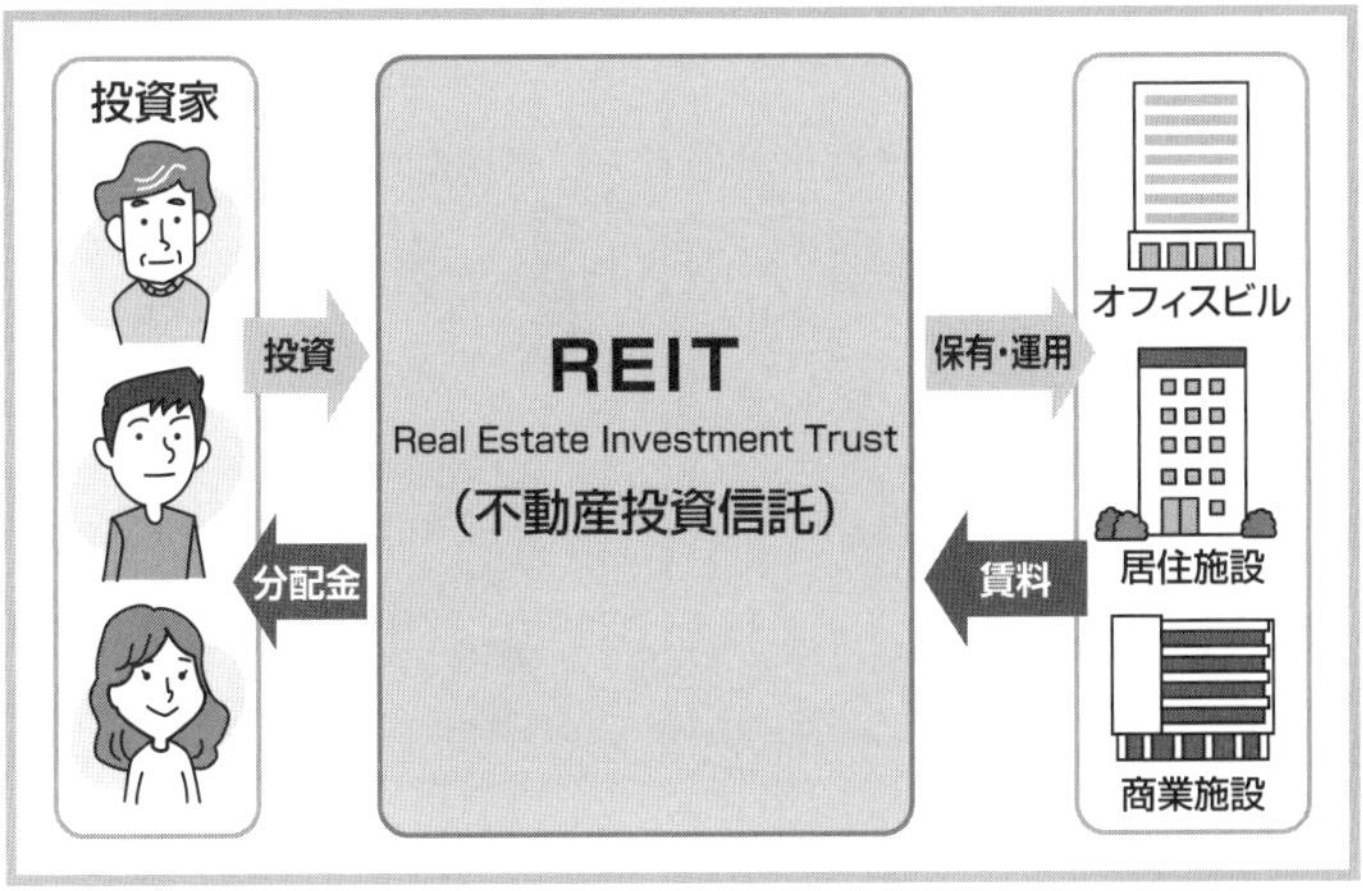

①高利回りが期待できる

ＲＥＩＴ運用専門の投資法人（不動産投資を目的とする特別に認められた法人）は、賃貸ビルなどを保有している会社であり、保有する不動産から得られる賃料等からの収益の大半を、分配金として投資家に還元しています。そのため、高利回りの分配金が期待できます。

このしくみにより、投資家は税金を引かれる前の利益を分配金として得ることができます。一般的な株式会社の株主は、その会社が法人税を支払った後の配当を受け取るのに対し、ＲＥＩＴへの投資家は、法人税を引かれることなく利益の配分を受けることができますので、利回りが高めとなる傾向にあります。

■税制面で有利なREIT

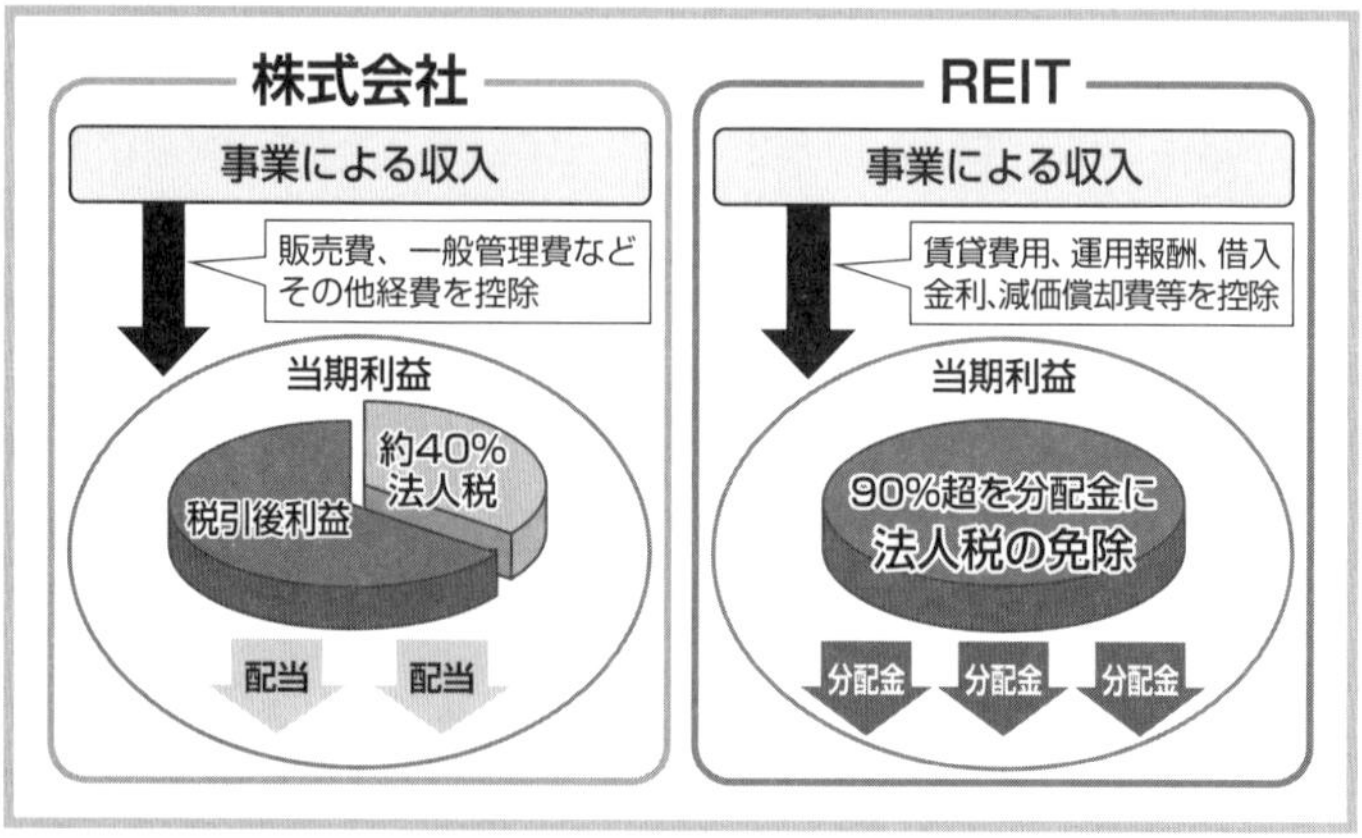

②いつでも好きな時に売買できる

株式と同様に、ＲＥＩＴもいつでも売買ができます。現物の不動産を売買しようとすると大変ですが、ＲＥＩＴにはそのような手間は一切かかりません。

③少額から投資できる

一般的に不動産へ投資するには多くの資金が必要になりますが、ＲＥＩＴに投資することで、少額からでも間接的に不動産へ投資することが可能です。

④複数の不動産に投資できる

ＲＥＩＴの投資法人が複数の不動産に分散して運用しているので、ある物件固有の事情で不動産価格や賃料の下落があっても、そのほかの不動産でカバーすることが可能です。

幅広く分散投資ができるREIT

このように、資金力に余裕のない投資家にとっても気軽に投資できるほか、**投資対象を分散しているという**メリットがあります。

一般的に少額投資をする際には、日本や先進国のREIT関連のインデックスファンドに投資する機会がほとんどかと思いますが、このREIT関連指数の分散効果は非常に有効です。

インデックスファンドを通じてREITを購入すれば、オフィスビル、商業施設、賃貸住宅、ホテル、物流施設、シニア施設、底地《そこち》、駐車場などなど、かなりの種類の不動産へ分散投資をすることになります。

分散させることで、景気の影響を受けにくくしたり、特定のテナントに依存しなくて済んだり、賃貸借契約期間に振りまわされにくくなります。

Point 7

初心者・おまかせ派は全世界株式へのインデックスファンドを選ぼう

少額投資段階で悩む必要はない

0円投資とはいえ、最初はわけもわからないものへ投資することには、誰しも抵抗があるかと思います。運用商品を選ぶのも大変かもしれません。そんな時に活用しやすいのが**世界中の株式に分散投資するスタンスの投信**です。初心者にとっては非常にわかりやすいでしょう。

例えば、楽天・全世界株式インデックス・ファンド（楽天・バンガード・ファンド（全世界株式））、eMAXIS Slim 全世界株式（オール・カントリー）などの代表的な運用商品があります。

これらの投信の１本に投資するだけで、一定のバランスを保ちながら、世界中の株

式に投資ができます。0円投資を初めてやる方には、このような投信はとてもシンプルなコンセプトで、ほとんど悩まずに始めることが可能です。

全世界株式ファンドに投資する際の注意点

初心者が0円投資するにはとても使い勝手の良い、世界の株式に投資されたインデックスファンドですが、基本的には選んだ運用商品の運用方針に則って運用されるため、自分で各資産の運用割合を変更することはできません。

例えば、日本株式の株価がほかの先進国株式に比べて上がりすぎたとしても、その配分を自分で変更できるわけではありません。慣れてくるとこれを嫌がる投資家の方もいます。

ただ、基本的には長期投資をする場合には、日常的に各資産の売買をしようとすることは、あまり考えなくてもいいでしょう。

Point 8

自分でメンテしたい人は個別のインデックスファンドを選ぼう

インデックスファンドにもいろいろある

投資先候補の各資産の中にも、さまざまなインデックスファンドがあります。日本株式クラスのインデックスでも、東証株価指数（ＴＯＰＩＸ）、日経平均（日経２２５）、ＪＰＸ４００と、代表的なインデックスだけでも3種類あります。

個別に自分で投信を選ぶ際に迷ってしまうかもしれません。その際は、なるべく多くの銘柄数が組み入れられているインデックスファンドを選んでいただいたほうが、世界中の株式に投資するイメージにより近くなります。

次ページの図表は、さまざまなインデックスファンドを取り扱っている「たわらノーロード」という商品のラインナップです。これを見れば、各資産クラスごとの代表的なインデックスファンドがイメージしやすいでしょう。

■たわらノーロードの商品のインデックスファンド

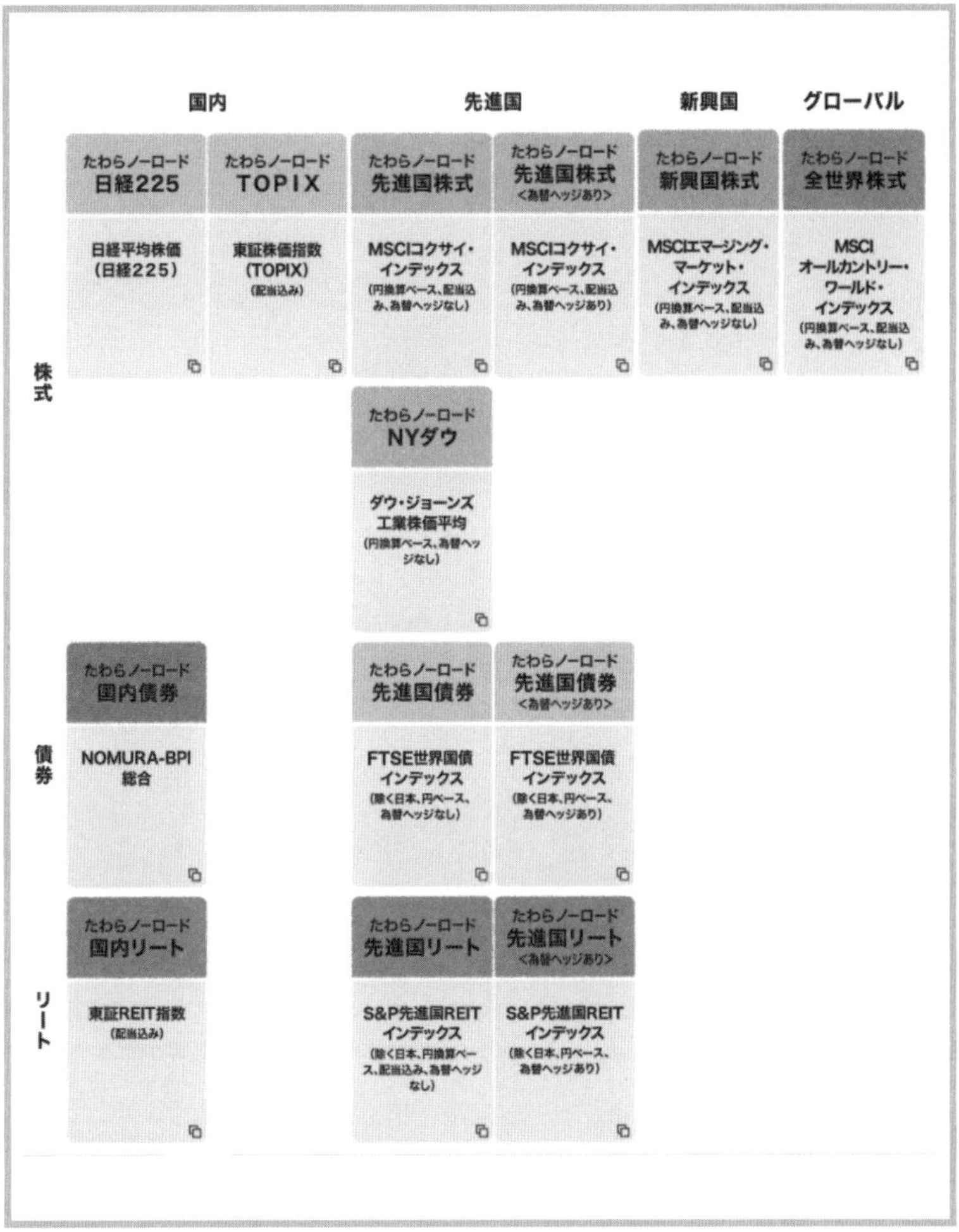
国内
先進国
新興国
グローバル
株式
たわらノーロード 日経225
日経平均株価（日経225）
たわらノーロード TOPIX
東証株価指数（TOPIX）（配当込み）
たわらノーロード 先進国株式
MSCIコクサイ・インデックス（円換算ベース、配当込み、為替ヘッジなし）
たわらノーロード 先進国株式 <為替ヘッジあり>
MSCIコクサイ・インデックス（円換算ベース、配当込み、為替ヘッジあり）
たわらノーロード 新興国株式
MSCIエマージング・マーケット・インデックス（円換算ベース、配当込み、為替ヘッジなし）
たわらノーロード 全世界株式
MSCIオールカントリー・ワールド・インデックス（円換算ベース、配当込み、為替ヘッジなし）
たわらノーロード NYダウ
ダウ・ジョーンズ工業株価平均（円換算ベース、為替ヘッジなし）
債券
たわらノーロード 国内債券
NOMURA-BPI総合
たわらノーロード 先進国債券
FTSE世界国債インデックス（除く日本、円ベース、為替ヘッジなし）
たわらノーロード 先進国債券 <為替ヘッジあり>
FTSE世界国債インデックス（除く日本、円ベース、為替ヘッジあり）
リート
たわらノーロード 国内リート
東証REIT指数（配当込み）
たわらノーロード 先進国リート
S&P先進国REITインデックス（除く日本、円換算ベース、配当込み、為替ヘッジなし）
たわらノーロード 先進国リート <為替ヘッジあり>
S&P先進国REITインデックス（除く日本、円ベース、為替ヘッジあり）

出典：アセットマネジメントOne「たわらノーロード・ラインナップ」

■たわらノーロードシリーズのバランスファンド

バランス	たわらノーロード バランス（8資産均等型）		
	たわらノーロード バランス（堅実型）	たわらノーロード バランス（標準型）	たわらノーロード バランス（積極型）
	たわらノーロード 最適化バランス（保守型）	たわらノーロード 最適化バランス（安定型）	たわらノーロード 最適化バランス（安定成長型）
	たわらノーロード 最適化バランス（成長型）	たわらノーロード 最適化バランス（積極型）	
	たわらノーロード スマートグローバルバランス（保守型）	たわらノーロード スマートグローバルバランス（安定型）	たわらノーロード スマートグローバルバランス（安定成長型）
	たわらノーロード スマートグローバルバランス（成長型）	たわらノーロード スマートグローバルバランス（積極型）	

出典：アセットマネジメントOne「たわらノーロード・ラインナップ」

また、株式や債券、REITなど、さまざまな資産を一定の割合で投資するファンドを**バランスファンド**と呼びます。

バランスファンドで、債券クラスを組み入れた運用をする投信へ投資することも考えられます。ただし0円投資で、つみたてNISAなどの少額投資非課税制度を活用される場合は、値上がり益に対する非課税制度のメリットを最大限受けることができなくなりますので、注意が必要です。

第5章

さらに資産を増やしたい人のための投資テクニック

Point 1

「ドルコスト平均法」で投資を続けるメリット

ドルコスト平均法の考え方

積み立て投資においてよく活用されるのが**「ドルコスト平均法」**（定時定額投資法）というノウハウです。これは、毎月、毎週などの決まった間隔で、一定額を積み立てて投資していく方法です。つみたてNISAの設定をすると、自動的にドルコスト平均法で投資することになります。

購入するのは主に、値段（基準価額）が変動する投信になりますから、月々、購入した投信の値段も変動します。値段の変動をいちいち気にしていたら、コツコツ積み立てしていくことなどできませんよね。そのため、積み立て額をあらかじめ決めておいて、買値は気にしないで済む方法が「ドルコスト平均法」です。

例えば、値段が1カ月目：1000円→2カ月目：200円→3カ月目：500円

■①3,000円を握りしめて、商品Aを一括で買うパターン

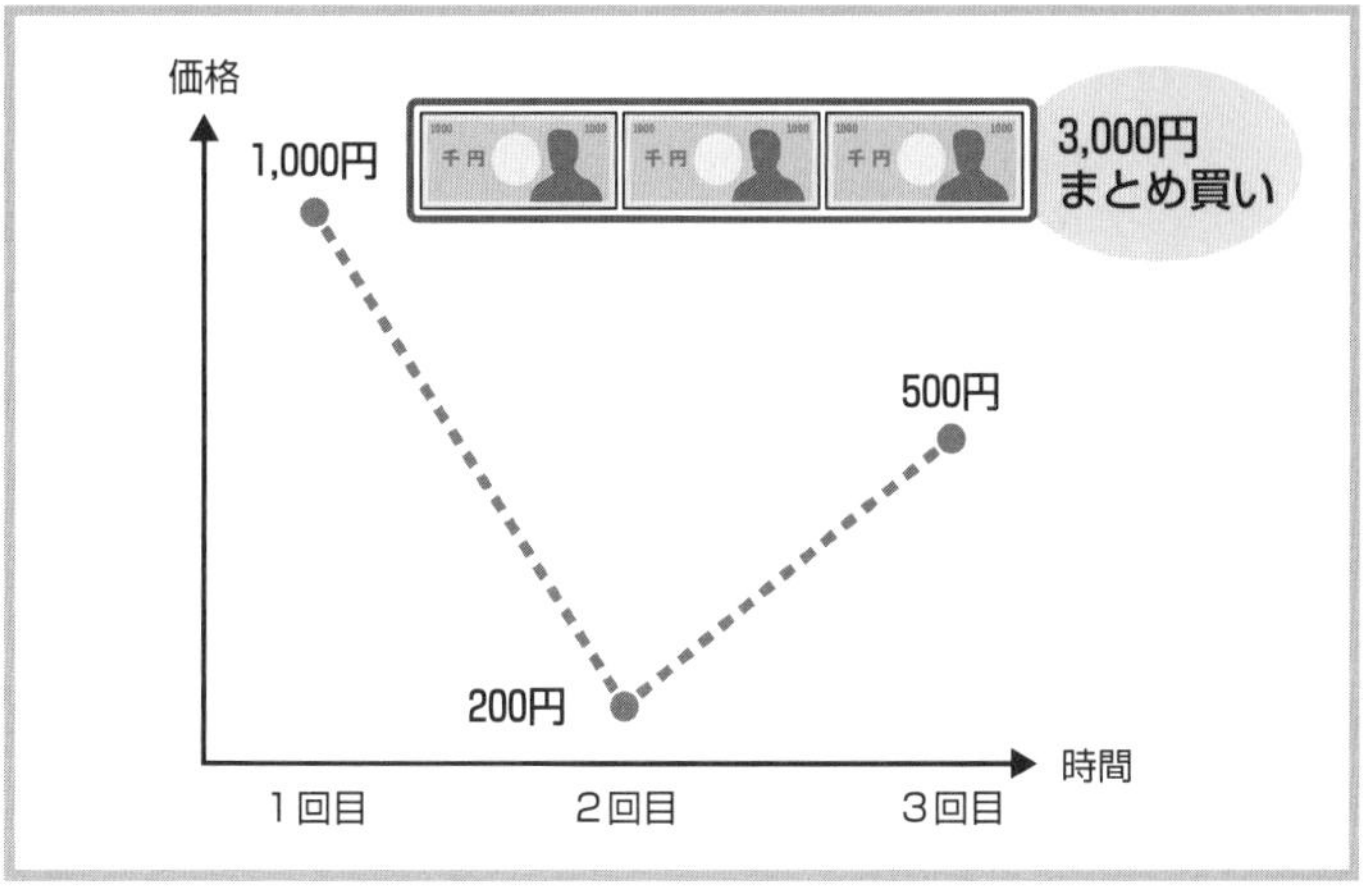

■②1,000円ずつ、商品Aを買うパターン

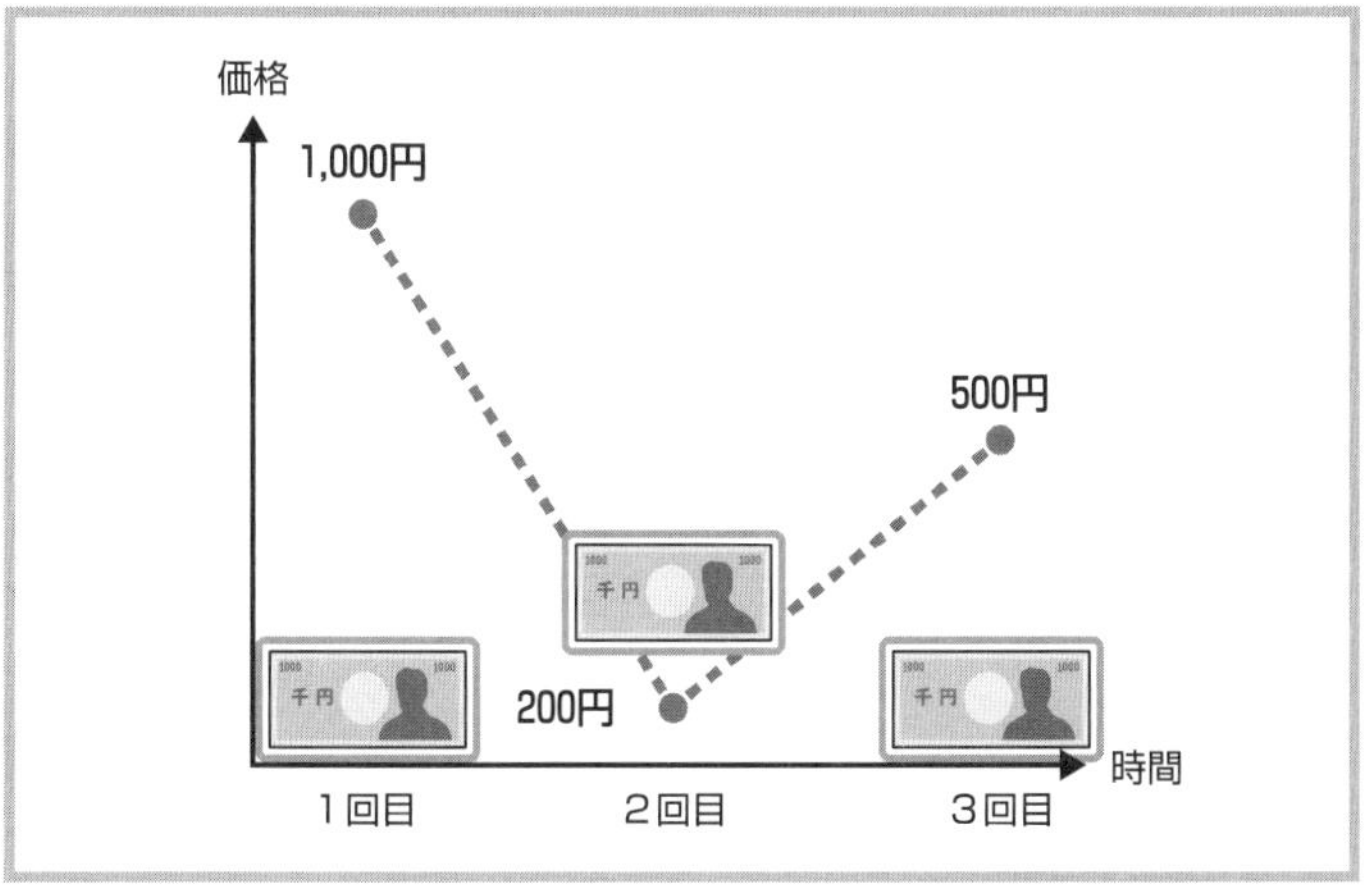

■一括投資 vsドルコスト平均法

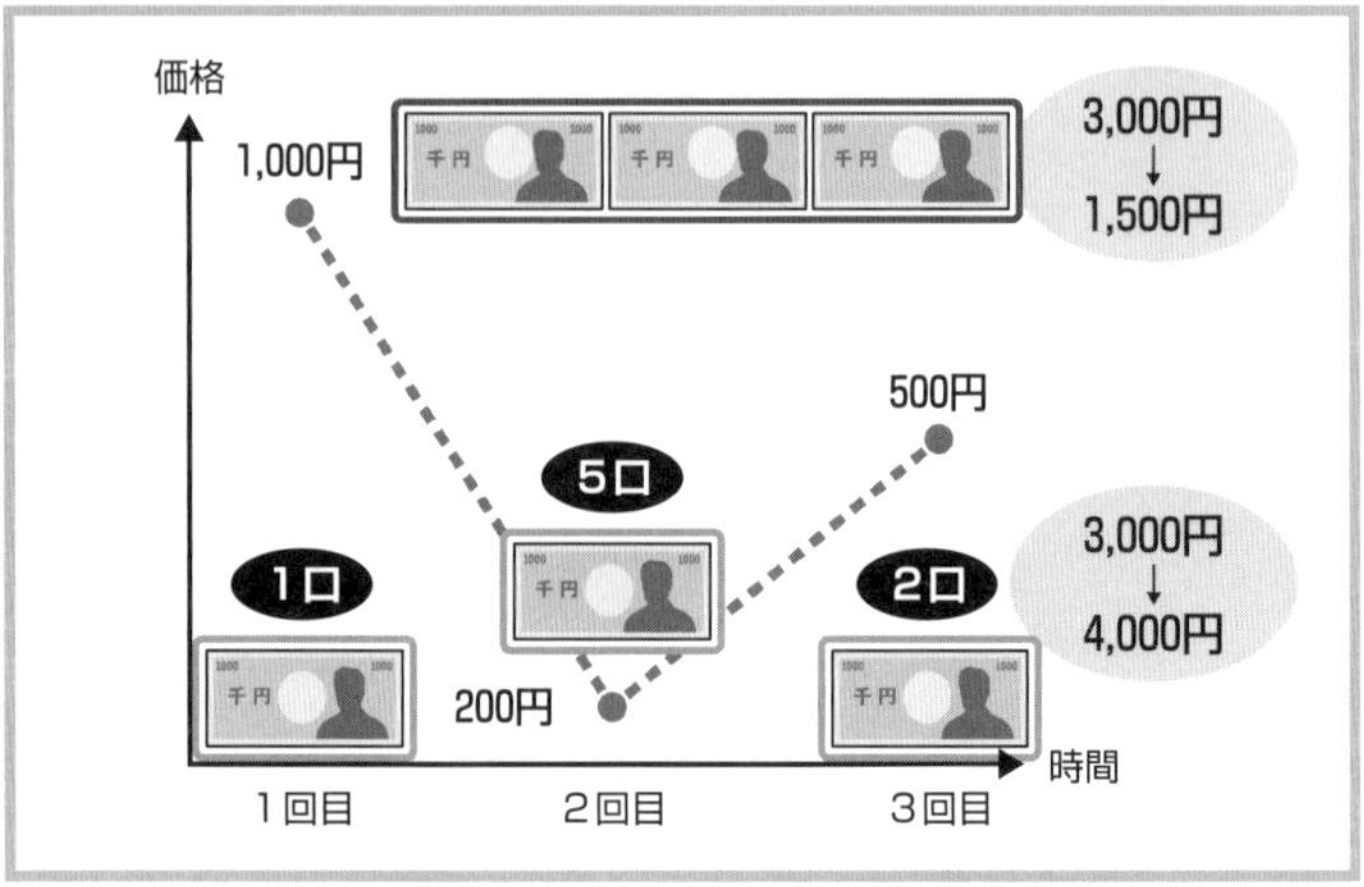

と動く投信があったとしましょう。

3000円を握りしめて、商品Aを一括で買うパターン①（まとめて買う、一括投資を想定）と、毎回1000円ずつ買うパターン②（分けて買う、ドルコスト平均法を想定）とを比べて、3回目にはどちらがより多くの金額になっているか比べてみましょう。

さぁ、①と②でどちらの総額が多くなっているでしょうか？　直感でイメージしてみてください。

①値段が1000円の時に、3000円分をまとめて購入
3000円÷1000円＝合計3口

3回目で値段が500円→500円×3口＝1500円

②値段が1000円の時に、1000円分を購入→1口

値段が200円の時に、1000円分を購入→5口

値段が500円の時に、1000円分を購入→2口

1口＋5口＋2口＝合計8口

3回目で値段が500円→500円×8口＝4000円

結果、毎回1000円ずつ買うパターン②（分けて買う、ドルコスト平均法を想定）のほうが、総額が多くなりました。

この例は単純なパターンであり、実際のマーケットではこうはいきませんが、さまざまな値動きのパターンが繰り返されていきます。値段が日々変動する投信を積み立てる手法のひとつとして、定期的に一定額を積み立てるドルコスト平均法の有効性をご理解いただけましたでしょうか。

ドルコスト平均法にもいろいろなやり方がある

一定額を定期的に積立てし続けていくドルコスト平均法にも、いろいろやり方があります。

毎月1回ずつ積み立てる方法が一般的かもしれませんが、別にこの頻度にこだわることもありません。毎日でもいいですし、半年や1年ごとでも構いません。資金的にちゃんと積み立てることができるのであれば、その周期は個人差があってもいいでしょう。

筆者の場合も、毎月1回・不定期（マーケット分析によるもの）・大幅変動時と3パターンで積み立てをしています。

もちろん、投資資金には限りがあり、無尽蔵に積み立てすることもできませんので、最終的な積み立て額は上限があります。どちらにしても、リスク分散の観点から、一定額を定期的に積み立てし続けていくドルコスト平均法による運用ができればそれで大丈夫です。

Point 2

節税できる年金「イデコ」(個人型確定拠出年金)

頑張らなくても貯められる老後資金

「自分で入る、自分で選ぶ、もうひとつの年金」、それが個人型確定拠出年金「イデコ(iDeCo、個人型DC)」です。より長期化する老後に備え、税制上のメリットを受けながら、より豊かな老後生活を送るための資産形成の方法として、非常に有効です。専業主婦(夫)、公務員などの方でも活用できます。加入対象者ごとの拠出(積み立て)限度額は次ページの図のようになっています。

イデコは自分で申し込み、掛金を拠出(積み立て)し、自分で運用商品を選んで運用します。

自分で選ぶ運用商品は、0円投資など、ほかの運用商品なども考慮しながら、総合的に検討してみてください。運用方法のイメージは、つみたてNISAなどと違いはありません。ただし、一般的に60歳以降に現金化できる制度ですので、老後資金のお金として拘束される点にはご注意ください。

■イデコの拠出限度額

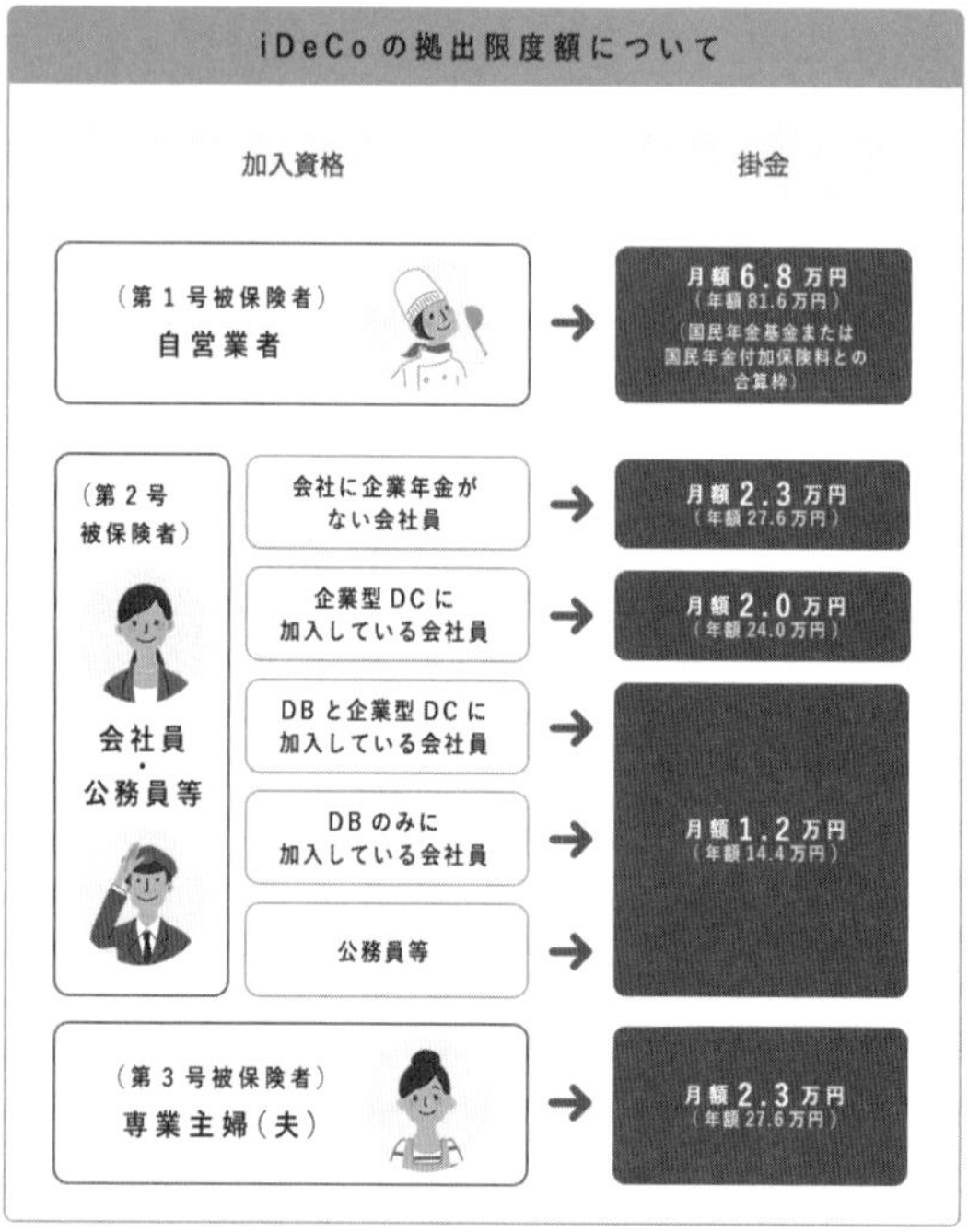

出典：iDeCo公式サイト（国民年金基金連合会）
※DBは「確定給付型年金」、DCは「確定拠出年金」のこと

イデコの3つのメリット

イデコに加入して資産運用するメリットは主に3つあります。

■イデコ運用のイメージ

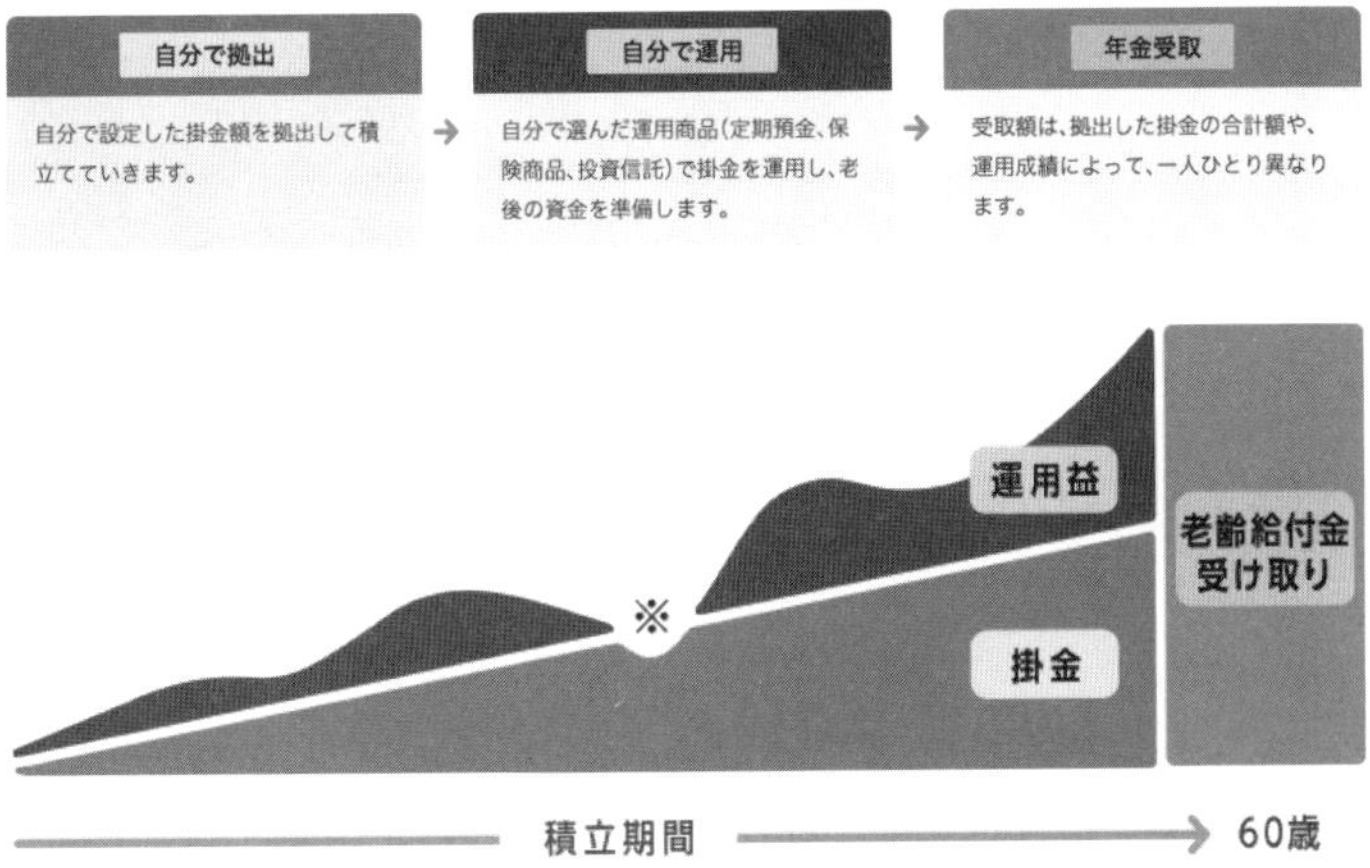
自分で拠出
自分で設定した掛金額を拠出して積立てていきます。
自分で運用
自分で選んだ運用商品(定期預金、保険商品、投資信託)で掛金を運用し、老後の資金を準備します。
年金受取
受取額は、拠出した掛金の合計額や、運用成績によって、一人ひとり異なります。
運用益
※
掛金
老齢給付金受け取り
積立期間
60歳

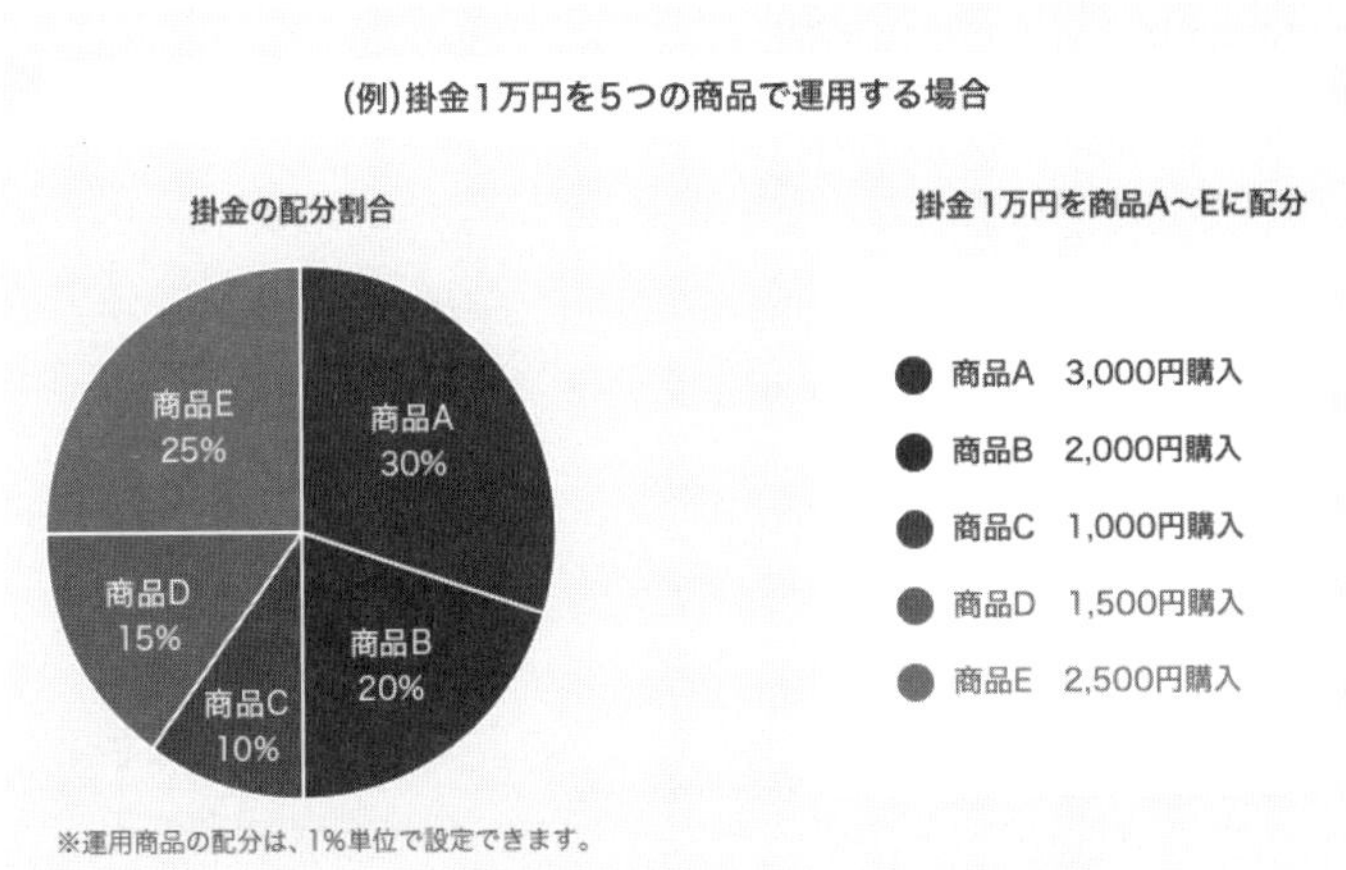
(例)掛金1万円を5つの商品で運用する場合
掛金の配分割合
商品A 30%
商品B 20%
商品C 10%
商品D 15%
商品E 25%
掛金1万円を商品A〜Eに配分
商品A 3,000円購入
商品B 2,000円購入
商品C 1,000円購入
商品D 1,500円購入
商品E 2,500円購入
※運用商品の配分は、1%単位で設定できます。

出典:iDeCo公式サイト(国民年金基金連合会)

❶積み立てた分の掛金全額が節税効果

掛金全額が所得控除の対象となり、仮に毎月の掛金が1万円の場合、所得税が10％、住民税10％だとすると、年間2・4万円、税金が軽減されます。

❷運用によって得られた収益も非課税

通常、金融商品を運用すると、その運用益にも課税されますが、イデコなら非課税で再投資されます。

❸受け取る時も大きな優遇

イデコの加入期間に応じて、60歳以降からお金を受け取ることができます。分割して受け取る年金か、まとめて一括で受け取る一時金か、受け取り方を選択することができます。金融機関によっては、年金と一時金を併用することもできます。

年金として受け取る場合は「公的年金等控除」、一時金の場合は「退職所得控除」の対象となり、税制面での優遇があります。

立場が変わっても加入継続しやすいイデコ

例えば、結婚して会社員から専業主婦になったり、転職して自営業に変わった場合でも、イデコの加入者として掛金の拠出と資産運用を継続できる場合があります。転職して新たに企業型ＤＣに加入する場合は、転職先の制度によりますが、基本的にはイデコの年金資産を持ち運び（ポータビリティ）することができます。

Point 3

さらに貯めたい人のための「特定口座」

浮いたコストの使い道

つみたてＮＩＳＡなどの非課税枠を使い切っていない方は、まずはこの残った非課税枠を０円投資を活用して使い切るようにしましょう。わざわざ残してしまうのはもったいないです。

また、イデコなどに加入されている方は、税金などのコスト削減効果から発生した金額を、そのまま口座内で再投資することができません。これができたら非常に便利だと思うのですが、システム上できないのです。

それでは、各種の優遇制度がある口座を使い切ったあとは、どの口座に投資すればいいのでしょうか？

■特定口座と一般口座

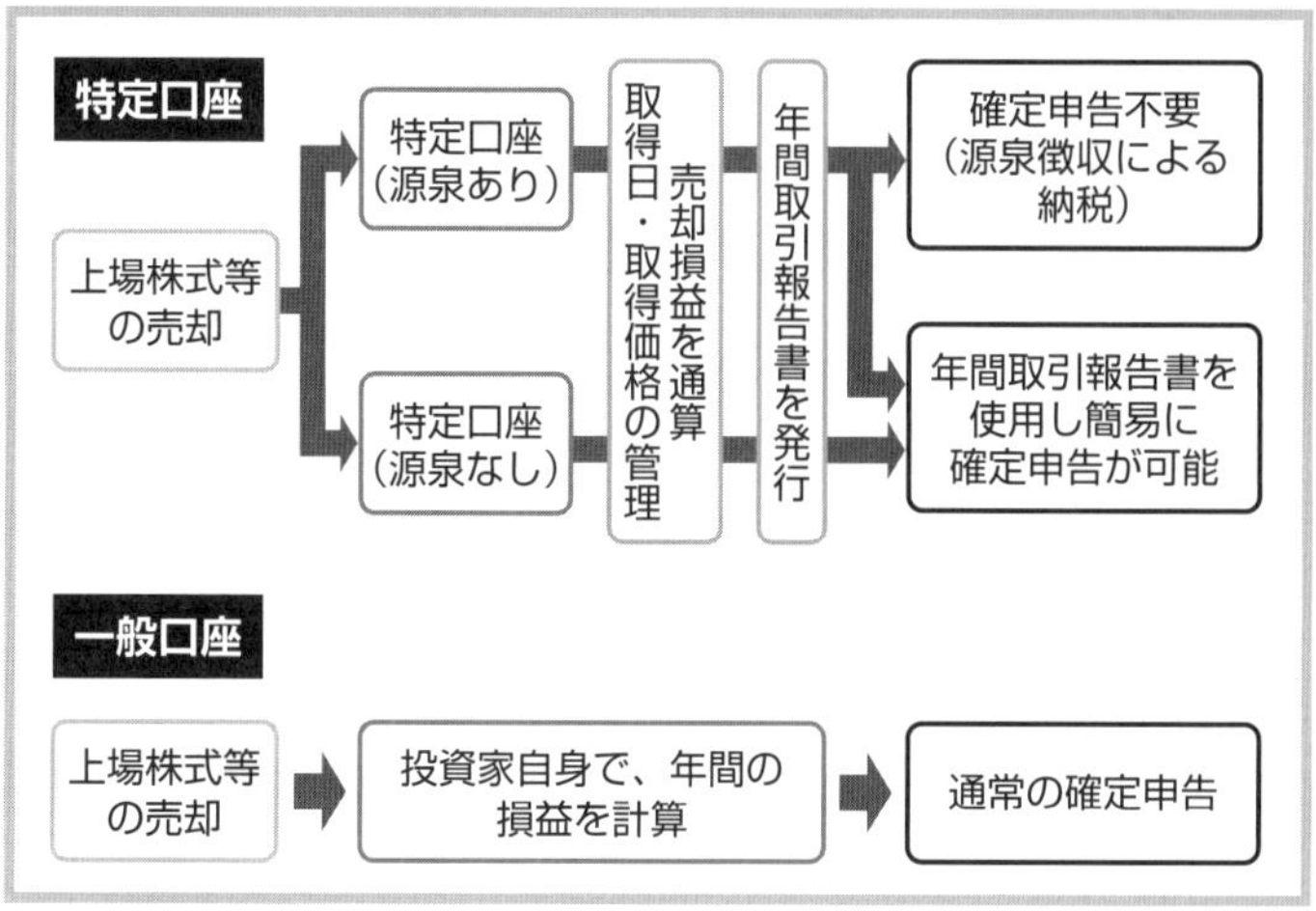

auカブコム証券ホームページを基に作成

■特定口座のしくみ

	源泉徴収あり	源泉徴収なし
特徴	証券会社で売買損益を計算し、年間取引報告書を作成します。原則確定申告は不要です。	証券会社で売買損益を計算し、年間取引報告書を作成します。
源泉徴収	税率20.315％（所得税15.315％、住民税５％）が源泉徴収されます。	源泉徴収されません。
確定申告	原則確定申告は不要です。	原則確定申告が必要です。譲渡益が発生した場合などで確定申告を行う際にも、年間取引報告書を用いて簡易に申告ができます。

auカブコム証券ホームページを基に作成

✓少額投資の優遇制度を使い切った後はどうする？

非課税枠を全部使い切ってしまった方が活用できる口座として、**「特定口座」**があります。特定口座は、証券会社が年間の売買損益を自動計算し、年間取引報告書を作成してくれる口座です。特定口座は非課税制度ではなく、課税制度が適用されます。個別株式に投資する場合や投資金額が小さくない方は、特定口座を活用されるケースが多いです。

特定口座は2種類あります。①所得税、住民税の納税までしてくれる「源泉徴収あり」と、②自分で確定申告して納税する「源泉徴収なし」です。

これが一般口座だとすべて自分でやることになりますから、特定口座は投資家にとって便利な口座となっています。

Point 4

これから注目される金融商品や運用スタイルなど

0円投資で株を買う

楽天グループ以外にも、0円投資と相性の良い方法があります。2019年4月、スマホ専用証券会社「SBIネオモバイル証券（ネオモバ）」が営業を開始しました。**ネオモバは、Tポイントで株が買える、数百円単位の少額から株主になれる、スマホで簡単に手続きができる、といった特徴があります。**

個別株式投資は、投信による積み立て投資よりハードルが高いかと思います。株式投資になじみをもてない理由は、「損したら嫌だ」「元手がないとできない」「よくわからないものはやりたくない」といったものが推測されますが、ネオモバでは体験しないとわからないということを除けば、ほとんど抵抗感がなくなると思います。

ネオモバでは、通常は1単元（100株）からしか買えない個別株が、なんと1株単位から売買可能です。たった1株、場合によっては100円前後あれば、誰もが知っているような企業の株主になることが可能なのです。

単元未満株となるので、通常は株主優待などはもらえませんが、配当金はその株数に応じてもらえます。また、**株の購入代金に通常のTポイントを使えるので、0円投資が可能になります**。

また、取引所に上場しており、個別株式のようにリアルタイムで売買できるETF（上場投資信託）なども、0円投資では人気です。

これから注目される金融商品や運用スタイル

ポイントを使って、1株や100円、500円などのワンコイン、少額で株や投資信託が買えるというサービスは、ネオモバのほかにもいくつかあります。ここでは、現在普及しつつあるものを、次ページの表を用いて、いくつか紹介しましょう。

表に示したように、少額投資、1株買付、0円投資などのような、少額から低コストで積み立てが可能な資産形成サービスが、今後はどんどん当たり前になってくるは

■ 1株から買えるポイント投資

ポイント	LINEポイント			Pontaポイント	
サービス	いちかぶ			プチ株	
投資対象	株式	投資信託		株式	投資信託
非課税制度	—			NISA	NISA つみたてNISA
提供会社	LINE証券			auカブコム証券	
最低購入単位	1株	積立 1,000 円	一括 100円	1株	100円以上 1円単位
売買手数料	売却時のみ 0.2%～1.0%	なし		0.5% （最低52円）	なし
特徴	平日夜21時まで リアルタイム取 引可能	30銘柄		プレミアム積立は で毎月500円から	プレミアム積立

ポイント	dポイント	StockPoint for CONNECT ※Ponta交換可	
サービス	日興フロッギー キンカブ（金額・株数指定取引） ※ドコモのdアカウントとSMBC日興証券の総合口座（ダイレクトコース）をシステム連携	ひな株 ※ポイント運用で1株以上になれば、現物株のリアル株主になれる	投資信託
投資対象	株式	株式	
非課税制度	NISA	NISA	NISA つみたてNISA
提供会社	SMBC日興証券	CONNECT（大和証券）	
最低購入単位	100円	1株	100円
売買手数料	100万円以下：買い0％、売り0.5% 100万円超：買い1％、売り1％	なし	
特徴	前場の始値or後場の始値での約定 権利付最終日が通常の2営業日前 約3700銘柄	100銘柄超 疑似株主優待 疑似配当	28銘柄 ※うち、つみたてNISA取扱い銘柄は13銘柄

ずです。投資家にとってはとても便利な時代になりました。

また通常、投資を始める際の口座開設には、資料請求や本人確認書類のアップロードなどの手間がかかりますが、ネオモバのように、口座開設の完了までがスマホでの手続きのみで済むというのは、手間をより少なくしてくれるので、利用者にはありがたいサービスです。


以上、楽天経済圏やＳＢＩのＴポイント経済圏以外に、筆者が期待しているサービスをご紹介しました。

ただ残念ながら、およそすべてのサービスにおいて、クレカやキャッシュレス決済、金融商品という枠組みを大きく超えるようなサービスはまだ世にないようです。

しかし、いずれさらなる技術革新や大きな変革がやってくるでしょう。

現状では、個人情報やサーバーの問題なども山積みしています。また、これから時代を担っていく次世代の人たちに期待しつつ、日本人として、日本という共同体のなかで、日本国内の経済をどうかじ取りしていくのか、ますます難しい時代になってきています。

本書でご紹介したポイ活はほんの一例にすぎず、0円投資につながるポイ活はさらに多くのやり方・パターンがすでに存在しています。

世にあるポイ活をすべて取り上げ、またご活用いただくことはできませんが、半年・1年もしてくると、自分に合ったポイ活がきっと見つかるでしょう。

本書でも繰り返しお伝えしてきましたが、少額から投資を始めても、いつかはそれが大きなリターンとなって戻ってきます。株式投資も手軽な1株投資から始めて、慣れてきたら本格的に100株単位での売買を始めてみてはいかがでしょうか？

あとがき

いままで筆者のところへ、資産形成などのご相談に来られた方の中には、取引している金融機関の口座に、普段まったくログインしない方もいらっしゃいます。

さすがに「年に数回はログインしてください」とお伝えしていますが、そういう方はご自身のビジネスで稼ぐことのほうがよっぽど重要なのです。

筆者はそれでいいと思っています。賢く貯めることよりも、より賢く稼ぐことのほうがよっぽど大切です。なぜならお金を貯めるにはそのほうが効率的だからです。とはいえ、そのような方でも投資をしている人がいます。それはなぜでしょうか。

株式を中心として組み入れられている投信に積み立て投資をし続けることは、自分以外の他人のビジネスに投資することでもあります。つまり、自分がもてる自己資源（時間・お金）などを集中投資した結果貯まったお金を、より安定的に運用するために、自分以外の、地球上可能な限りのさまざまなビジネスに分散投資しているということでもあるのです。

長期的に世界中に積み立て投資をし続けるということはある意味、経営者やサラリーマンとしての自分のビジネス・稼ぎに対する「保険」という役割も果たしています。

長期投資は、このような保険機能の活用も含め、人やビジネス・技術革新の発展性を信じられない人には、残念ながら向いていません。

しかしながら、この「人の成長の可能性に賭ける」という感覚をブレずにもっている方にとっては、恐れるものは何もないということでもあるのです。過去のパフォーマンスや目先の経済情勢に、振りまわされる必要はまったくありません。

この感覚を理解できるようになるまでは、もしかしたら時間がかかるかもしれません。世界3大投資家のひとりウォーレン・バフェットは「たとえ取引所が10年閉鎖されたとしても、喜んで買える銘柄だけに投資しなさい」と言っていますが、これは単に良い銘柄を探せということだけを言いたいのではないはずです。人も企業も株式も、長期的には成長し続けようとするという考えがそもそものベースになっているからです。

これから世の中はどんどん悪くなっていくと考える人には、長期投資は向かないのだといえます。

▼経済がまわるたびに資産が増える

我々の経済では、誰かが支出をすることで誰かの所得を生み出しています。その所得はやがて、資本（モノ）、労働（ヒト）、技術へと投資されていきます。先に支出をしないと、我々は所得を得ることができません。

もしあなたがサラリーマンであるなら、毎月の給与やボーナスを、「もらって当然」と考えるだけではなく、「会社が自分に投資をしてくれている」「投資されたからには利益を生み出す」という感覚をもっていただくと、また異なった世界を見ることができるのではないかと思います。

いま、世界的に「無駄」を「富」に変える循環経済（サーキュラー・エコノミー：Circular Economy）という考え方が広がりを見せています。我々人類がこれからもいまの生活を維持し続けるためには、資源を消費して廃棄するという一方通行の経済を持続させることはできません。消費した自己資源を回収・再生・再利用していく必要に迫られています。

我々の家計も同じです。従来の消費から「富」を生み出す、最も簡単な方法のひとつとして、「0円投資」は世帯ごとに眠っている自己資源の再生・再利用につながり、労働・消費・貯蓄の好循環を生み出してくれるでしょう。

この「循環投資」という発想を家計に取り入れていただくと、数年後には何か大きな変化が起こると、私は信じています。

キャッシュレスについて学ぶということは、支出のコントロールや節約・貯蓄につながります。そのまま「家計」や「金融」について学ぶことと同じであり、正しい貨幣観を身につけることにつながります。

金融というと難しく、どこか他人事に感じるかもしれません。ところが、キャッシュレス経済が浸透していくことで、日常生活の中で、より身近に家計や老後について考える機会が否応なく増えていきます。

難しいことはさておいて、本書をお手にとっていただいて、まずは0円投資を通じて、資産形成の感覚を培っていただければ幸いです。

▼お礼

私が元手0円で、いつか100万円をつくることと出版することを目標に、「0円投資」による長期投資を実験し始めて3年以上がたちました。その資産は30万円を優に超えてきています。その間各方面の諸先輩方などさまざまな方々のお力をお借りしながら、ここまでたどり着くことができました。改めてここに感謝の意を述べさせていただくとともに、本書をお手にとっていただいた読者の皆さまにもお礼をさせていただきます。ありがとうございました！

本書を世に出すきっかけ「出版プレゼン」を企画していただいた、「FP相談ねっと」（当時は「確定拠出年金相談ねっと」）代表、山中伸枝さん
出版プレゼンで編集者をご紹介いただいた、出版プロデューサー鈴木雅光さん
「株式会社日本実業出版社」の竹内健二さん
同社で魅力的なご提案、担当をしていただいた細野淳さん
「0円投資スター養成塾」を受講いただいた投資家の皆さん

0円投資を最初に楽天証券IFAにご紹介いただき、世に出していただいた「合同会社EBISU」代表、堀出浩史さん
初の0円投資セミナーを企画・サポートいただいた、「株式会社住まいと保険と資産管理」（HIA）塩川卓司さん、寺門美和子さん、向藤原寛さん
FP相談ねっとを通じてたちあがった「マイル・キャッシュレス研究会」幹事、末次祐治さん・メンバーの皆さん
出版プレゼンで共にプレゼンした仲間であり、日頃サポートいただいているFP相談ねっとメンバーと、関係者の安藤秀悟さん、宮本和明さん
0円投資を中小企業の福利厚生制度の一環、「資産形成応援制度」としてご活用いただいている、東京板橋区でリハビリ利用者数№1の「株式会社ゴルディロックス」代表、龍嶋裕二さん
筆者のコンテンツ制作やビジネス構築、筆者らしい発想の伸ばしかたでお世話になっている「大森動画工房株式会社」社長、遠藤聡さん、環友加里さん
常日頃、精神面で筆者を支えていただいているビジネスコミュニティ「チーム№1」代表、遠藤晃さん・メンバーの皆さん
同じく「志師塾」代表、五十嵐和也さん・メンバーの皆さん

同じく「攻める！　士業」代表、國守博さん・メンバーの皆さんほかにも多くの方々のご支援をいただいて、こうして本書ができあがりました。ここに改めてお礼を申し上げます。

本書をお手にとっていただいた皆さまの未来が、新しい可能性にあふれるように祈念しています。ありがとうございました。それではまた、どこかでお会いしましょう！

一円を笑う者は、一円に泣く

野原　亮（のはら　りょう）
現東証１部上場の証券会社に入社後、個人営業・株式ディーラーとして従事。その後、営業マーケティング会社に転職。生涯担当顧客は1,000名超。2016年に確定拠出年金専門のファイナンシャルプランナーとして開業、2017年に確定拠出年金創造機構の代表就任。法人への企業型確定拠出年金制度の導入を中心に、個人型確定拠出年金iDeCo（イデコ）、NISA（少額投資非課税制度）等を活用した資産形成の普及にも努めている。
「人生有限、貯蓄無限」と考え、生活スキルとしての生きたお金の貯め方を得意としている。著書に『１時間でわかるiDeCo～50代から始める安心投資』（技術評論社）がある。

ポイントですぐにできる！
貯金《ちょきん》がなくても資産《しさん》を増《ふ》やせる「0円投資《ぜろえんとうし》」

2021年６月１日　初版発行

著　者　野原　亮
発行者　杉本淳一

発行所　株式会社日本実業出版社　東京都新宿区市谷本村町３−29　〒162-0845
大阪市北区西天満６－８－１　〒530-0047

編集部　☎03-3268-5651
営業部　☎03-3268-5161　振　替　00170－1－25349
https://www.njg.co.jp/

印刷／壮光舎　　製本／共栄社

ISBN 978-4-534-05853-9　Printed in JAPAN